AF093853

www.ingramcontent.com/pod-product-compliance
Lightning Source LLC
LaVergne TN
LVHW010617070526
838199LV00063BA/5174
* 9 7 8 9 3 5 8 7 2 5 6 3 6 *

عصری اردو ادب کے پانچ نسائی نام

(مضامین)

فضہ پروین

© Fizza Parveen
Asri Urdu Adab ke paanch Nisayi Naam (Essays)
by: Fizza Parveen
Edition: March '2024
Publisher :
Taemeer Publications LLC (Michigan, USA / Hyderabad, India)

ISBN 978-93-5872-563-6

مصنف یا ناشر کی پیشگی اجازت کے بغیر اس کتاب کا کوئی بھی حصہ کسی بھی شکل میں بشمول ویب سائٹ پر اَپ لوڈنگ کے لیے استعمال نہ کیا جائے۔ نیز اس کتاب پر کسی بھی قسم کے تنازع کو نمٹانے کا اختیار صرف حیدرآباد (تلنگانہ) کی عدلیہ کو ہو گا۔

© فضہ پروین

کتاب	:	عصری اردو ادب کے پانچ نسائی نام (مضامین)
مصنف	:	فضہ پروین
پروف ریڈنگ / تدوین	:	اعجاز عبید
صنف	:	غیر افسانوی نثر
ناشر	:	تعمیر پبلی کیشنز (حیدرآباد، انڈیا)
سالِ اشاعت	:	۲۰۲۴ء
صفحات	:	۶۰
سرورق ڈیزائن	:	تعمیر ویب ڈیزائن

فہرست

(۱)	رضیہ بٹ: شہر میں جو ہے سوگوار ہے آج	6
(۲)	صفیہ صدیقی: آسماں تیری لحد پر شبنم افشانی کرے	18
(۳)	ہاجرہ مسرور: اب نہ دنیا میں آئیں گے یہ لوگ	29
(۴)	ثمینہ راجا: دنیا چلی گئی مری دنیا لیے ہوئے	37
(۵)	شبنم شکیل: خدا حافظ مرے اے ہم نشینو	48

رضیہ بٹ: شہر میں جو ہے سوگوار ہے آج

عالمی شہرت کی حامل مایہ ناز پاکستانی ادیبہ رضیہ بٹ داغ مفارقت دے گئیں۔ اردو زبان و ادب کا وہ مہتاب جہاں تاب جس نے 19۔ مئی 1924 کو راول پنڈی کے افق سے روشنی کے سفر کا آغاز کیا پوری دنیا کو اپنی تخلیقی کامرانیوں اور علمی و ادبی ضیاپاشیوں سے بقعۂ نور کرنے کے بعد 4۔ اکتوبر 2012 کی شام لاہور میں عدم کی بے کراں وادیوں میں اوجھل ہو گیا۔ اردو زبان و ادب کو اپنے خون دل سے نکھار عطا کرنے والی اس نابغہ ء روزگار تخلیق کار نے مسلسل آٹھ عشروں تک ادبی کہکشاں کو اپنی چکاچوند سے منور رکھا۔ اردو فکشن کی اس عظیم ادیبہ نے اردو ادب کی ثروت میں جو اضافہ کیا وہ تاریخ ادب میں آب زر سے لکھنے کے قابل ہے۔ اردو زبان میں اکاون شہکار ناول اور تین سو پچاس سے زائد افسانے لکھ کر رضیہ بٹ نے شہرت عام اور بقائے دوام کے دربار میں بلند مقام حاصل کیا۔ ان کے افسانے قلب اور روح کی اتھاہ گہرائیوں میں اتر جاتے ہیں اور یہ افسانے اپنے واحد تاثر سے قاری کو کہانی، کردار اور موضوع کے بارے میں سوچنے پر مجبور کر دیتے ہیں۔ جبر کے کریہہ چہرے سے نقاب ہٹا کر انھوں نے الم نصیبوں کو یہ پیغام دیا ہے کہ فروغ گلشن و صوت ہزار کا موسم ضرور آئے گا۔ ظلم کے سامنے سپر انداز ہونا ان کے نزدیک ایک اہانت آمیز فعل ہے۔ ان کا اسلوب ان کی ذات تھا۔ انھوں نے اردو فکشن میں تانیثیت کے حوالے سے جو قابل قدر کام کیا وہ انھیں ایک منفرد اور ممتاز مقام

عطا کرتا ہے۔ انھوں نے بلاشبہ افلاک کی وسعت کو چھو لیا اور ستاروں پر کمند ڈال کر اپنی فقید المثال کامرانیوں سے پوری دنیا میں اپنے منفرد اسلوب کی دھاک بٹھا دی۔ ایک رجحان ساز ادیبہ کی حیثیت سے انھوں نے ہمیشہ حریت ضمیر سے جینے کی راہ اپنائی اور حریت فکر و عمل کو علم بلند رکھا۔ وہ تمام عمر ستائش و صلے کی تمنا سے بے نیاز رہتے ہوئے پرورش لوح و قلم میں مصروف رہیں پاکستان میں خواتین کے مسائل پر انھوں نے نہایت خلوص اور دردمندی سے لکھا۔ جبر کا ہر انداز مسترد کرتے ہوئے انھوں نے بنیادی انسانی حقوق اور انسانیت کے وقار اور سربلندی کا ہمیشہ اپنا مطمح نظر قرار دیا۔ ان کی وفات سے اردو فکشن کا ایک درخشاں عہد اپنے اختتام کو پہنچا۔ ان کی الم ناک وفات کی خبر سن کر روح زخم زخم اور دل کرچی کرچی ہو گیا۔ ایسی بے مثال تخلیق کار اب دنیا میں پھر کبھی پیدا نہیں ہو سکتی۔ ایسی ہفت اختر، زیرک، باکمال، مستعد اور جامع صفات شخصیت کا دائمی مفارقت دے جانا ایک بہت بڑا قومی سانحہ ہے۔ ان کی وفات سے علمی اور ادبی سطح پر جو خلا پیدا ہوا ہے وہ کبھی پر نہیں ہو سکتا۔ ان کی یاد میں بزم ادب مدت تک سوگوار رہے گی۔

غم سے بھرتا نہیں دل ناشاد کس سے خالی ہوا جہاں آباد

رضیہ بٹ کا تعلق ایک کشمیری خاندان سے تھا۔ ان کے خاندان کی شاعر مشرق علامہ اقبال کے خاندان کے ساتھ رشتہ داری تھی۔ اس طرح دو عظیم علمی و ادبی خاندانوں کے قریبی تعلقات مسلسل پروان چڑھتے رہے۔ رضیہ بٹ کو اپنے گھر میں جو علمی و ادبی ماحول میسر آیا اس نے ان کی تخلیقی فعالیت کو مہمیز کیا اور ادبی صلاحیت کو صیقل کیا۔ وسیع النظری اور روشن خیالی ان کے گھر کے علمی و ادبی ماحول کی مرہون منت ہے۔ رضیہ بٹ کے والدین نے اپنی اولاد کی سیرت اور کردار کی تعمیر پر بھرپور توجہ دی۔ جب

انھوں نے ہوش سنبھالا تو انھیں قابل رشک علمی و ادبی ماحول میسر آیا۔ ان کے گھر میں اس عہد کے متعدد رجحان ساز ادبی مجلات با قاعدگی سے آتے تھے۔ ان میں سے نیرنگ خیال، ساقی، عالم گیر اور بیسویں صدی قابل ذکر ہیں۔ رضیہ بٹ کے دس بہن بھائی تھے۔ ان کی والدہ اور والد نے اپنی اولاد کی شخصیت کی تعمیر پر خصوصی توجہ دی۔ عالمی کلاسیک سے انھیں جو دلچسپی تھی وہ والدین کے ذوق سلیم کا ثمر ہے۔ اپنے چھوٹے بہن بھائیوں کو سونے سے قبل کہانیاں سنانا رضیہ بٹ کا معمول تھا۔ وہ اکثر کہا کرتی تھیں کہانی سننا اور کہانی سنانا ان کی فطرت ثانیہ ہے۔ رضیہ بٹ کو اللہ کریم نے حافظے کی غیر معمولی صلاحیت سے نوازا تھا۔ انھوں نے اپنے بزرگوں سے جو کہانیاں سنی تھیں وہ جب اپنے چھوٹے بہن بھائیوں کو سناتیں تو سب ہمہ تن گوش ہو کر سنتے۔ رفتہ رفتہ وہ اپنی طبع زاد کہانیاں بھی سنانے لگیں۔ اس طرح بچپن ہی سے وہ کہانی کے تخلیقی عمل کی جانب مائل ہو گئیں۔ ان کی پہلی کہانی ''لرزش'' خواتین کے ادبی مجلے ''حور'' میں 1940 کے وسط میں شائع ہوئی۔ لاہور سے شائع ہونے والا یہ ادبی مجلہ اس زمانے میں قارئین ادب میں بے حد مقبول تھا۔ یہ کہانی جو کہ سوتیلی ماں اور اس کے سوتیلے بیٹے کے گرد گھومتی ہے اسے قارئین نے بہت سراہا۔ عمرانی حوالے سے اس کہانی میں سوتیلی ماں کے اپنے سوتیلے بیٹے کے ساتھ مادرانہ شفقت کے جذبات سے خالی رویے پر گرفت کی گئی۔ اس کے ساتھ ساتھ نوجوان نسل کے خواتین کے ساتھ اہانت آمیز سلوک پر بھی تنقید کی گئی ہے۔ معاشرتی زندگی میں پائی جانے والی ایسی بے اعتدالیاں، رویوں میں پایا جانے والا تضاد اور شقاوت آمیز ناانصافیاں حد درجہ تکلیف دہ ہیں۔ رضیہ بٹ نے ان تمام مسائل کو اپنے افسانوں کو موضوع بنایا۔ ان کے افسانوں میں حقیقت نگاری اور صداقت نگاری کا جو ارفع معیار نظر آتا ہے وہ ان کے منفرد اسلوب کا امتیازی وصف ہے۔

زمانہ طالب علمی ہی سے ان کی تخلیقی صلاحیتوں کا اظہار ہونے لگا۔ جب وہ پانچویں جماعت کی طالبہ تھیں تو ان کی مضمون نویسی کی کاپی دیکھ کر ان کی استاد ششدر رہ گئی۔ اس فطین طالبہ نے اپنے اشہب قلم کی جولانیوں سے اپنی استاد کو بہت متاثر کیا۔ ان کی با ضابطہ اردو مضمون نویسی کا اعتراف اس وقت ہوا جب انھوں نے پانچویں جماعت کی طالبہ کی حیثیت سے اپنا پہلا طبع زاد مضموں ”ریل کا سفر“ تحریر کیا۔ ہونہار بروا کے چکنے چکنے پات کے مصداق ان کی تخلیقی صلاحیتیں اس تاثراتی مضمون میں نکھر کر سامنے آئیں یہ مضمون دراصل نوخیز ادیبہ رضیہ بٹ کے پشاور سے سیال کوٹ تک کے ریلوے سفر کے تاثرات پر مبنی تھا۔ جب وہ جماعت نہم کی طالبہ تھیں تو انھوں نے ”محبت“ کے عنوان سے ایک مضمون تحریر کیا۔ ان کی مضمون نگاری کی شہرت پورے تعلیمی ادارے میں پھیل گئی اور انھیں متعدد انعامات سے نوازا گیا۔ زبان و بیان اور اظہار پر اس قدر خلاقانہ دسترس ایک کم سن طالبہ کے لیے نعمت خداوندی کے مترادف ہے۔ جب وہ دسویں جماعت میں پہنچیں تو اردو کے مضمون میں ان کی استاد نے انھیں سو میں سے پورے سو نمبر دیئے۔ اس قدر بلند معیار کو دیکھ کر تمام اساتذہ دنگ رہ گئے۔ انگریز پرنسپل بھی اس ہونہار طالبہ کی زبان دانی اور اظہار و ابلاغ کے انداز کو سراہنے لگی۔ ان کے اساتذہ کی متفقہ رائے تھی کہ یہ بچی بڑی ہو کر اردو زبان و ادب کا تابندہ ستارہ بنے گی۔ ادب، فنون لطیفہ اور موسیقی کے ساتھ انھیں گہرا لگاؤ تھا۔ جب وہ کم سن طالبہ تھیں تو اس زمانے سے وہ ترنم کے ساتھ حمد، نعت اور اردو کلاسیکی شعرا کا کلام پڑھتیں تو سننے والوں پر وجدانی کیفیت طاری ہو جاتی۔ وہ قوالی بڑے شوق سے سنتی تھیں۔ امیر خسرو کا کلام انھیں بہت پسند تھا۔ پنجابی صوفی شعرا کا کلام بھی وہ پوری توجہ سے سنتیں اور ان سے متاثر ہو کر ان پر رقت طاری ہو جاتی۔ 1940 میں وہ پشاور میں زیر تعلیم تھیں انھوں نے ادب اور فنون

لطیفہ میں گہری دلچسپی لی۔ سکول اور کالج کی سطح پر منعقد ہونے والے ادبی پروگراموں میں انھوں نے ہمیشہ بڑھ چڑھ کر حصہ لیا۔ پشاور کے ایک کالج میں انھوں نے انگریزی، فلسفہ، نفسیات، منطق اور فارسی میں اپنی قابلیت اور مہارت سے سب کو متاثر کیا۔ انھوں نے ڈرامے اور موسیقی کے پروگراموں میں بھی حصہ لیا کالج کے زمانے میں ایک ڈرامے میں ملکہ نور جہاں کا کردار ادا کیا۔ ان کی اداکاری کو دیکھ کر ناظرین کے دل پر ان کی فنی مہارت کے انمٹ نقوش ثبت ہوئے۔ جلد ہی انھوں نے فنون لطیفہ میں اپنی قابلیت کی دھاک بٹھادی۔ رقص اور موسیقی سے ان کی دلچسپی کا یہ حال تھا کہ وہ ان کے جملہ نشیب و فراز پر گہری نظر رکھتیں۔ خاندان میں منعقد ہونے والی شادی بیاہ کی تقریبات میں وہ گیت بھی گاتیں اور اندرون خانہ اپنی ہم جولیوں کے ساتھ مل کر رقص میں بھی حصہ لیتیں اور اپنی خوشی کا برملا اظہار کرنے میں کبھی تامل نہ کرتیں۔ ان کی فعالیت کو دیکھ کر خاندان کے تمام بزرگ ان کی پذیرائی کرتے۔

زمانہ طالب علمی میں انھوں نے مسلم لیگ کی خواتین تنظیم میں شرکت کی اور تحریک پاکستان کے لیے بھرپور جدوجہد کا آغاز کیا۔ ان کی کوششوں سے اس علاقے میں مسلمان خواتین میں جذبۂ حریت کو بیدار کرنے میں نمایاں کامیابی ہوئی۔ مسلم لیگ کی تحریک آزادی کے لیے مناسب رقوم کی فراہمی کے لیے انھوں نے دیگر مسلمان طالبات کے کے ساتھ مل کر چندہ جمع کرنے کی مہم میں حصہ لیا اور معقول فنڈز جمع کرنے میں انھیں کامیابی ہوئی۔ مسلم لیگ کی اعلیٰ قیادت نے ان کی کاوشوں کو بہ نظر تحسین دیکھا۔ 1946 کے آغاز میں ان کی شادی ہو گئی اور شادی کے بعد وہ اپنے شوہر کے ہمراہ انبالہ چلی گئیں۔ اس کے بعد ادب میں ان کی تخلیقی فعالیت بتدریج کم ہوتی چلی گئی۔ جلد ہی انھیں احساس ہوا کہ لکھنا تو ان کے لیے تزکیہ نفس کا ایک موثر وسیلہ ہے۔ اس کے ساتھ

ہی ان کے والد نے انھیں 1950 میں دوبارہ تخلیق ادب پر مائل کر لیا اور وہ پھر سے سرگرم عمل ہو گئیں۔ اس کے بعد رضیہ بٹ نے ریڈیو، فلم اور ڈرامے کے لیے بھرپور تخلیقی کام کیا۔ ان کے ناول بہت مقبول ہوئے اور ان میں سے کچھ ناولوں کو فلمایا بھی گیا۔ ان کے ناولوں پر مبنی فلموں نے بے پناہ کامیابی حاصل کی۔ مثال کے طور پر نائلہ جیسی کامیاب فلم اپنی مثال آپ ہے۔ اپنے عہد میں اس فلم نے بہت مقبولیت حاصل کی۔ اس کی کہانی اور گیت سن کر لوگ دل تھام لیتے تھے۔ مجموعی طور پر ان کے آٹھ ناولوں کو فلمایا گیا جو ان کی بہت بڑی کامیابی ہے۔ اس فقید المثال کامرانی میں کوئی ان کا شریک اور سہیم نہیں۔ ان کے ناولوں پر مبنی جن فلموں نے ریکارڈ بزنس کیا ان میں نائلہ، صاعقہ، شبو، انیلا کو فلم بین حلقوں نے بے حد سراہا۔ یہ فلمیں اپنے پاکیزہ انداز، صحت مند تفریح اور حقیقی زندگی کی عکاسی کی بدولت طویل عرصہ تک عوام میں مقبول رہیں۔

رضیہ بٹ کی تصانیف کو پوری دنیا میں پذیرائی ملی۔ ان کے مشہور ناول چاہت، بانو، رابی، صاعقہ، قربان جاؤں، امریکی یاترا، ہم سفر، عاشی، بٹیا، معاملے دل کے، اسپین کا سفر، ناجی اور، آدھی کہانی معیار اور وقار کی رفعت کے لحاظ سے اردو ادب میں ہمیشہ یاد رکھے جائیں گے۔ ریڈیو، ٹیلی ویژن اور فلم کے لیے ان کی خدمات کو کبھی فراموش نہیں کیا جا سکتا۔ ٹیلی ویژن کے لیے سیریل "ناجیہ" کو بھی بہت پذیرائی ملی۔ ناجیہ بھی ان کے ایک ناول کی تشکیل تھی۔ یہ بات بلا خوف تردید کہی جا سکتی ہے کہ ان کی علمی، ادبی اور قومی خدمات کے سامنے ہر باشعور انسان کا سر خم رہے گا۔ تاریخ ہر دور میں ان کے عظیم کام اور قابل احترام نام کی تعظیم کرے گی۔

رضیہ بٹ کو اللہ کریم نے ادب موسیقی اور فنون لطیفہ کے ذوق سلیم سے متمتع کیا تھا۔ وہ کلاسیکی موسیقی کی دلدادہ تھیں۔ اردو کلاسیکی شاعری اور جدید اردو ادب کی وہ دل

دادہ تھیں۔ فن موسیقی کی وہ قدردان تھیں۔ وہ شمشاد بیگم، اقبال بانو، فریدہ خانم، نور جہاں، محمد رفیع، ، غلام علی، اسد امانت علی اور مہدی حسن کے فن کو قدر کی نگاہ سے دیکھتیں اور ان کے گائے ہوئے کلام کو نہایت اشتیاق سے سنتی تھیں۔ ٹیلی ویژن کے پروگراموں میں وہ نیشنل جغرافک میں گہری دلچسپی لیتی تھیں، وہ کہا کرتی تھیں فطرت ہمیشہ خود ہی لالے کی حنابندی میں مصروف عمل رہتی ہے۔ حسن ذاتی تکلف سے بے نیاز ہے اور قبائے گل کو آرائش وزیبائش کی احتیاج نہیں۔ اس وسیع وعریض عالم آب و گل میں جنگلوں، صحراؤں اور ریگستانوں میں پائی جانے والی حیات کا مطالعہ قدرت کاملہ پر ایمان کو پختہ تر کر دیتا ہے۔ خالق کائنات اپنی مخلوق کو کس طرح زندگی اور رزق عطا کرتا ہے۔ یہ چشم کشا صداقتیں انسان کے لیے فکر و نظر کے متعدد نئے دریچے وا کرتی ہیں۔ پاکستانی فلموں میں انھوں نے گہری دلچسپی لی۔ ان کا خیال تھا کہ پاکستانی فلموں میں جن ادا کاروں نے اپنے کمال فن کے جوہر دکھائے ہیں ان کو پوری دنیا میں خراج تحسین پیش کیا جاتا ہے۔ آرٹ فلموں میں ناظرین کی عدم دلچسپی پر انھیں گہری تشویش تھی۔ وہ اپنی تہذیب و ثقافت کے فروغ پر ہمیشہ توجہ دیتی تھیں۔ ان کا خیال تھا کہ تہذیب کی بقا در اصل اقوام کی بقا کی ضامن ہے۔ ماضی کے تہذیبی اور ثقافتی ورثے پر انھیں ہمیشہ ناز رہا۔

ماضی میں وحید مراد اور زیبا، سنتوش اور صبیحہ محمد علی اور شمیم آرا نے اپنی اداکاری کے جوہر دکھا کر پاکستانی اردو فلموں کو بلند معیار تک پہنچایا۔ ان کے ناولوں پر مبنی فلمیں نائلہ اور صاعقہ نے مقبولیت کے نئے ریکارڈ قائم کیے اور سپر، ڈوپر ہٹ ثابت ہوئیں۔ ان فلموں کی وجہ سے انھیں جو شہرت اور مقبولیت نصیب ہوئی وہ اسے اللہ کریم کا انعام قرار دیتیں۔ 1960 میں رضیہ بٹ کا آفتاب اقبال پورے عروج پر تھا۔ ان کی علمی و ادبی کامرانیوں کے چرچے پوری دنیا میں ہونے لگے تھے۔ اس کے باوجود وہ عجز انکسار کا پیکر بنی

رہیں اور اپنی دھن میں مگن ستائش اور صلے کی تمنا سے بے نیاز تخلیق ادب کے کاموں میں مصروف رہیں۔ ان کی تحریریں اس عہد کے جن ممتاز ادبی مجلات کی زینت بنتی تھیں ان میں حور، زیب النسا، اردو ڈائجسٹ اور سیارہ ڈائجسٹ قابل ذکر ہیں۔ اردو ناول نگاری کے ارتقا پر تحقیقی نظر ڈالیں تو مولوی نذیر احمد دہلوی سے لے کر لمحۂ موجود تک کسی ناول نگار کے اتنی بڑی تعداد میں وقیع ناول اب تک زیور طباعت سے آراستہ نہیں ہو سکے۔ ان کے پہلے ناول ''ناہید'' کی اشاعت کے بعد ان کی شہرت کو چار چاند لگ گئے۔ اس کے بعد نائلہ اور نمو کی اشاعت نے سونے پر سہاگے کا کام کیا۔ اردو میں ان کے ناول نورین، انیلا، صاعقہ، عاشی، جیت، ناجیہ، سبین، چاہت اور شائنہ اس قدر مقبول ہوئے کہ اب تک ان کے متعدد ایڈیشن شائع ہو چکے ہیں۔ یہ ناول سب سے زیادہ فروخت ہونے والے ناولوں میں شمار ہوتے ہیں۔ اس قدر شہرت اور مقبولیت دنیا کے بہت کم ادیبوں کے حصے میں آئی ہے۔ اردو فکشن کی تنقید نے رضیہ بٹ کے حقیقی تخلیقی مقام اور ادبی منصب کے تعین پر پوری توجہ نہیں دی۔ اس کا سبب یہ ہے کہ سید وقار عظیم کے بعد اردو فکشن کی عالمانہ تنقید اور تجزیہ ابھی توجہ طلب ہے۔ اردو فکشن کے نقادوں کو اس جانب فوری توجہ دینی چاہیے۔ رضیہ بٹ کو قبولیت عوام کی جو سند ملی وہ ان کے منفرد اسلوب کی دلیل ہے۔ سبک نکتہ چینیوں سے ان کا کمال فن اور منفرد اسلوب ہمیشہ بے نیاز رہے گا۔ رضیہ بٹ نے اردو فکشن کو مقدار اور معیار کے اعتبار سے جس انداز میں ثروت مند بنایا اس کا اعتراف ہر سطح پر کیا گیا۔ جب تک دنیا باقی ہے رضیہ بٹ کے زندہ الفاظ اور حقیقی واقعات پر مبنی تحریریں ان کا نام زندہ رکھیں گی۔ ریگ ساحل پہ رقم وقت کی تحریر تو اجل کے ہاتھوں مٹ سکتی ہے لیکن زندہ الفاظ کی تاثیر فنا سے نا آشنا ہوتی ہے۔ رضیہ بٹ اپنی ذات میں ایک انجمن اور ایک دنیا تھیں۔ ایسی دنیا جس سے ذوق سلیم رکھنے والے ادب کے

سنجیدہ اور باوقار قارئین کی دنیا دائم آباد تھی۔ رضیہ بٹ نے اتنی دور اپنی نئی دنیا بسالی ہے کہ اب اس دنیا تک جلد رسائی ممکن ہی نہیں۔ اس دنیا کے دراز کار جہاں میں الجھے ان کے لاکھوں مداح تقدیر کے ستم سہہ کر گریہ کناں ہیں اور نہایت بے بسی کے عالم میں مشیت ایزدی کے سامنے سر تسلیم خم کر کے اپنے جذبات حزیں کا اظہار کر کے اس لافانی ادیبہ کے ابد آشنا اسلوب کو خراج تحسین پیش کرتے ہیں۔

چاک کو تقدیر کے ممکن نہیں ہونا رفو تا قیامت سوزن تقدیر گر سیتی رہے

رضیہ بٹ کے ناول زیادہ تر زندگی کے حقیقی مسائل اور واقعات کے آئینہ دار ہیں۔ زندگی کے تمام رنگ ان کے ناولوں میں سمٹ آئے ہیں۔ ان کے ناول زندگی کے مسائل و مضمرات کا ایسا دھنک رنگ منظر نامہ پیش کرتے ہیں کہ قاری ان کو دیکھ کر مسحور ہو جاتا ہے۔ مثال کے طور پر ان کا ناول ''ناسور'' زندگی کے تلخ حقائق کی گرہ کشائی کرنا ہے۔ اس ناول میں انھوں نے متعدد نفسیاتی گتھیوں کو سلجھانے کی سعی کی ہے۔ اس شہرہء آفاق ناول کے مطالعہ سے قاری پر رضیہ بٹ کے علم و آگہی کے بارے میں کئی حقائق کا انکشاف ہوتا ہے۔ ایک زیرک تخلیق کار کی حیثیت سے رضیہ بٹ نے اس ناول میں عصری آگہی پروان چڑھانے کی غرض سے علم نفسیات سے مدد لی ہے۔ فرائڈ کے نظریہ تحلیل نفسی کا اس ناول میں بر محل استعمال کیا گیا ہے۔ ارسطو کے تصور المیہ اور جدید نفسیات کے اصولوں کے مطابق رضیہ بٹ نے اپنی ناول نگاری کو بام عروج تک پہنچا دیا ہے۔ اس ناول میں رضیہ بٹ نے ایک چھ سال کی مظلوم بچی کی داستان غم بیان کی ہے جسے بڑی سفاکی سے اغوا کیا گیا اور اسے شرم ناک درندگی سے جنسی ہوس کا نشانہ بنا کر اس کی پوری زندگی کو حسرت و یاس کی تصویر بنا دیا گیا۔ اس پر جو کوہ ستم ٹوٹا اس کے مسموم اثرات سے اس کی زندگی کی تمام رتیں بے ثمر، آہیں بے اثر، امیدوں کی کلیاں شرر،

پوری زندگی پر خطر اور گھر خوں میں تر ہو کر رہ گیا۔ رضیہ بٹ کے اسلوب کا اہم ترین وصف یہ ہے کہ ان کے موضوعات میں ندرت، تنوع اور جدت کی فراوانی ہے وہ حسن و رومان کے پامال موضوعات سے دامن بچاتے ہوئے نئے زمانے اور نئے صبح و شام کی جستجو میں مصروف رہتی ہیں۔ انھیں اچھی طرح معلوم ہے کہ افکار تازہ ہی کی بدولت جہاں تازہ کی نمود کے امکانات پیدا ہوتے ہیں۔ ان کے ناولوں میں نفسیات، عمرانیات، تاریخ اور اس کے مسلسل عمل، سراغ رسانی، تجسس، سوانح، مہم جوئی خود نوشت، سفر نامہ، فطرت نگاری اور حقیقت نگاری کا کرشمہ دامن دل کھینچتا ہے۔ پاکستان ٹیلی ویژن نے ان کے جن ناولوں کو ٹیلی کاسٹ کیا ان میں آگ، انیلا، نورینہ اور تحریر کو ٹیلی ویژن کے با ذوق ناظرین کبھی فراموش نہیں کر سکتے۔ ان کے ریڈیو ڈرامے ''ساس بہو'' کو بھی سامعین نے بہت پسند کیا۔ رضیہ بٹ نے زندگی بھر لفظ کی حرمت کو ملحوظ رکھا۔ انھوں نے خواتین کی زندگی کے مسائل پر جو طرز فغاں منتخب کی اس کی بازگشت ہر دور میں سنائی دیتی رہے گی۔ انھوں نے تانیثیت کے حوالے سے اسی روایت کو پروان چڑھایا جس کے فروغ اور ارتقائی ممتاز خواتین تخلیق کاروں کی مساعی شامل ہیں۔ ان میں واجدہ تبسم، صفیہ اختر، ممتاز شیریں، عصمت چغتائی، قرۃ العین حیدر، پروین شاکر، خدیجہ مستور اور ہاجرہ مسرور کی علمی اور ادبی خدمات کو ہمیشہ یاد رکھا جائے گا۔

رضیہ بٹ کی زندگی میں بہت نشیب و فراز آئے۔ ایک واقعہ نے ان کی زندگی کی تمام رعنائیوں کو گہنا دیا۔ ان کی خوب صورت بیٹی نے ان کی آغوش میں اپنی جان خالق حقیقی کے سپرد کر دی۔ جب بھی اس زخم کے رفو کی بات کی جاتی تو ان کی آنکھیں بھر آتیں۔ سچ تو یہ ہے کہ اس طرح کے جینے کو کہاں سے جگر لایا جائے۔ تمام عمر بھی اگر رفو گر ایسے زخموں کو رفو کرنے میں مصروف رہیں تو ان کے اندمال کی کوئی صورت پیدا نہیں

ہو سکتی۔ اس میں کوئی شبہ نہیں کہ صبر و تحمل اور مشیت ایزدی کے سامنے سر تسلیم خم کرنا لازم ہے مگر کچھ سانحات ایسے بھی ہوتے ہیں اگر ان کا تزکیہ نفس نہ ہو اور آنکھیں ساون کے بادلوں کی طرح نہ برسیں تو وہ جان لیوا بھی ثابت ہو سکتے ہیں۔ رضیہ بٹ کی تخلیقی فعالیت پر بیٹی کی الم ناک وفات نے گہرے اثرات مرتب کیے لیکن جلد ہی وہ صبر و رضا کا پیکر بن کر لب اظہار پر تالے لگا کر بغیر آنسوؤں کے روتے ہوئے پرورش لوح و قلم میں مصروف ہو گئیں۔ ان کی شخصیت میں توازن اور اعتدال کا عنصر انھیں صابر و شاکر بنا دیتا تھا۔

ان کی اولاد نے 1985 کے بعد اپنا گھر بسالیا اور اپنے کاروبار کے سلسلے میں بیرون ملک رہائش اختیار کر لی۔ اس کے بعد جانگسل تنہائیوں نے ان کو اپنے نرغے میں لے لیا اور انھوں نے تخلیق ادب پر اپنی توجہ مرکوز کر دی۔ ان کی بڑی بہن "نذیر آپا" جو ان کی بچپن کی رفیق اور مونس و غم خوار تھیں وہ 1991 میں داغ مفارقت دے گئیں۔ اس کے بعد وہ بہت دل برداشتہ رہنے لگی۔ 1998 میں انھوں نے اپنی خود نوشت "بچھڑے لمحے" لکھنے کا آغاز کیا۔ 2001 یہ خود نوشت مکمل ہو گئی۔ اسے اردو خود نوشت میں اہم مقام حاصل ہے۔ اس خود نوشت میں انھوں نے اپنی زندگی کے سفر کے بارے میں تمام حقائق کو بلا کم و کاست زیب قرطاس کیا ہے۔ ان کا اسلوب پتھروں سے بھی اپنی تاثیر کا لوہا منوا لیتا ہے۔

رضیہ بٹ نے نے دنیا کے بیش تر ممالک کی سیاحت کی۔ ان کی تحریروں میں ان کے وسیع تجربات اور مشاہدات قاری پر وجدانی کیفیت طاری کر دیتے ہیں۔ ادب، تہذیب، سماج اور ثقافت کی عکاسی جس حقیقت پسندانہ انداز میں رضیہ بٹ نے کی وہ ان کے منفرد اسلوب کا ایک نمایاں ترین وصف ہے۔ وہ جزئیات نگاری پر بھرپور توجہ دیتی

تھیں۔ خواتین کی زندگی کا کوئی پہلو ان کی بصیرت سے اوجھل نہیں رہتا تھا۔ نواسی سال کی عمر میں بھی وہ لکھنے اور کھل کر بات کرنے پر قادر تھیں۔ دنیا نے تجربات و حوادث کی صورت میں انھیں جو کچھ دیا وہ سب کچھ انھوں نے پوری دیانت سے قارئین ادب کی نذر کر دیا۔ انھوں نے اپنی قوت ارادی سے اپنی صلاحیتوں کو اس طرح مجتمع کر لیا تھا کہ ان کے اعصاب کبھی بھی مضمحل نہ ہوئے۔ وہ قلم تھام کر ید بیضا کا معجزہ دکھانے پر قادر تھیں یہاں تک کہ فرشتہ اجل نے اس عظیم تخلیق کار سے قلم چھین لیا۔

سب کہاں کچھ لالہ و گل میں نمایاں ہو گئیں

خاک میں کیا صورتیں ہوں گی کہ پنہاں ہو گئیں

***

صفیہ صدیقی: آسماں تیری لحد پر شبنم افشانی کرے

سال 2012 میں اردو زبان و ادب کے کئی آفتاب و ماہتاب عدم کی بے کراں وادیوں میں ہمیشہ کے لیے او جھل ہو گئے۔ علم و ادب کی کہکشاں کی تمام چکا چوند اب ماضی کا قصہ بن گئی ہے۔ اسی سال کے اختتام پر صفیہ صدیقی کی وفات کی خبر ملی۔ اردو زبان و ادب کا وہ ماہتاب جو یکم جنوری 1935 کی صبح نگرام ضلع لکھنو سے طلوع ہوا وہ 28۔ نومبر 2012 کی شام لندن کے افق سے غروب ہو کر دائمی مفارقت دے گیا۔ صفیہ صدیقی کی وفات سے اردو فکشن میں تانیثیت کی ایک دبنگ آواز ہمیشہ کے لیے خاموش ہو گئی۔ ایک بے خوف صدا مہیب سناٹوں کی بھینٹ چڑھ گئی۔ فرشتہء اجل نے اس عظیم ادیبہ کے ہاتھ سے قلم چھین لیا جس نے گزشتہ چھ عشروں میں اپنے خون جگر سے گلشن ادب کو سینچا اور لوح جہاں پر اپنا دوام ثبت کر دیا۔ اردو فکشن میں عصری آگہی اور زندگی کی حقیقی معنویت کو اجاگر کرنے میں صفیہ صدیقی کی خدمات تاریخ ادب کا اہم باب ہیں۔ انھوں نے اردو افسانے اور اردو ناول میں خواتین کی زندگی کے مسائل، مصائب اور مشکلات کے بارے میں مثبت شعور و آگہی پروان چڑھانے کی سعی کی۔ ان کی تحریریں قلب اور روح کی اتھاہ گہرائیوں میں اتر کر فکر و نظر کے نئے دریچے وا کرتی چلی جاتی ہیں۔ صفیہ صدیقی کا اسلوب قارئین نے ہمیشہ بہ نظر تحسین دیکھا اور اس کی بے حد پذیرائی کی۔ صفیہ صدیقی کا تعلق ایک ممتاز علمی، ادبی اور مذہبی خاندان سے تھا۔ نامور ادیب ابن صفی کی اہلیہ اور صفیہ صدیقی سگی بہنیں تھیں۔ وہ احمد صفی کی خالہ تھیں اور نامور ادیب اور

شاعر مکین احسن کلیم (مرحوم) صفیہ صدیقی کے بھائی تھے۔ اپنے اس عظیم خاندانی پس منظر پر انھیں بجا طور پر ناز تھا۔ ان کے خاندان کے تمام افراد کو بھی صفیہ صدیقی کی تخلیق ادب میں کامرانیوں پر فخر تھا۔ پاکستان میں خواتین کے حقوق اور ہر شعبہ زندگی میں ان کے لیے ترقی کے مساوی مواقع کے لیے جدوجہد کرنے والی خواتین جن میں حجاب امتیاز علی تاج، فرخندہ لودھی، فرزانہ ندیم، صفیہ صدیقی، خدیجہ مستور، ہاجرہ مسرور، رضیہ بٹ، پروین شاکر، اختر جمال، فضل بانو، منصورہ احمد، ممتاز شیریں اور ذکیہ بدر شامل تھیں، ان کی خدمات کا ہر سطح پر اعتراف کیا گیا۔ صفیہ صدیقی کی تصانیف کی جس قدر پذیرائی ہوئی وہ اپنی مثال آپ ہے۔ ان کے چار افسانوی مجموعے اور ایک ناول شائع ہوا۔ ان کی تصانیف درج ذیل ہیں:

(1) پہلی نسل کا گناہ (افسانے)، (2) چاند کی تلاش (افسانے)، (3) چھوٹی سی بات (افسانے)، (4) بدلتے زمانے (افسانے)

صفیہ صدیقی کے افسانوں میں جنریشن گیپ کے موضوع پر نہایت خلوص اور دردمندی کے ساتھ حقائق کو پیرایۂ اظہار عطا کیا گیا ہے۔ نئی اور پرانی نسل کی سوچ میں جو بعد المشرقین ہے اس کے بارے میں صفیہ صدیقی نے پوری دیانت، دلیری اور حقیقت پسندی سے اپنا مافی الضمیر بیان کیا ہے۔ انھیں اس بات کا شدید قلق تھا کہ مغربی تہذیب کے زیر اثر نئی نسل اپنے بزرگوں کی وہ قدر و منزلت نہیں کر رہی جس کے وہ بجا طور پر مستحق ہیں۔ ان مغرب زدہ نوجوانوں کو اپنے بزرگوں کی ان قربانیوں کا قطعی طور پر کوئی احساس نہیں جو انھوں نے نئی نسل کو پروان چڑھانے کے لیے دی ہیں۔ صفیہ صدیقی کے افسانوں میں زندگی کے تضادات، معاشرتی ماحول کے ارتعاشات، سماجی زندگی کی شقاوت آمیز ناانصافیاں، عائلی زندگی کی بے اعتدالیاں اور ناہمواریاں اور خواتین کی مظلومیت کا

احوال جس فنی مہارت سے پیش کیا گیا ہے وہ قاری کو اپنی گرفت میں لے لیتا ہے اور اس کے فکر و خیال پر دور رس اثرات مرتب ہوتے ہیں۔ حالات کی اس سے بڑی ستم ظریفی کیا ہو گی کہ وہ بوڑھے جنھوں نے اپنی اولاد کی تعلیم، تربیت اور روزگار کے لیے اپنا سب کچھ داؤ پر لگا دیا، جب ضعیفی کو پہنچتے ہیں تو ان کی اولاد ان کی خدمت کے لیے موجود نہیں ہوتی بل کہ وہ کسی دور دراز ملک میں اپنی نئی بستیاں بسا کر مادر وطن کو بھی فراموش کر کے ایام گزشتہ کی کتاب کو طاق نسیاں کی زینت بنا چکی ہوتی ہے۔ مٹی کی محبت تو بزرگوں کے مزاج اور فطرت کا حصہ ہے اور اسی انداز فکر کو نئی نسل نا قابل برداشت سمجھتی ہے۔ چاند کی تلاش کے تمام افسانے سوچ کے مختلف زاویوں کو سامنے لاتے ہیں۔ قحط الرجال کے موجودہ زمانے میں مہیب سناٹوں، سفاک ظلمتوں اور جان لیوا تنہائیوں کے کرب نے انسانیت کو نا قابل اندمال صدمات سے دو چار کر دیا ہے۔ حالات اس قدر گمبھیر صورت اختیار کرتے چلے جا رہے ہیں کہ پرانی نسل کی امیدوں کی فصل غارت اور صبح و شام کی محنت اکارت چلی جاتی ہے۔ اس لرزہ خیز، اعصاب شکن صورت حال میں پرانی نسل کی نہ تو کوئی امید بر آتی ہے اور نہ ہی اسے اصلاح احوال کی کوئی صورت نظر آتی ہے۔ چاند کی خاطر ضد کرنے والوں کو جلد ہی اپنی غلطی کا احساس ہو جاتا ہے اور وہ بالآخر حالات کے ساتھ سمجھوتہ کرنے میں عافیت محسوس کرتے ہیں۔ ان کے افسانے ”سمندر رونے لگا “اور ”چھوٹی سی بات“ زندگی کی حقیقی معنویت کا اجاگر کرنے اور تصویر کے تمام پہلوؤں کو سامنے لانے میں اہم کردار ادا کرتے ہیں۔ 1947 میں کی جانے والی ہجرت کے موضوع پر اردو فکشن میں قابل قدر تخلیقی کام ہوا ہے۔ وطن اور اہل وطن کے ساتھ قلبی لگاؤ، روحانی وابستگی اور والہانہ محبت صفیہ صدیقی کے اسلوب کا امتیازی وصف ہے۔ صفیہ صدیقی نے اس ہجرت کے حوادث و تجربات کو اپنے افسانوں میں نہایت خوش اسلوبی

سے پیش کیا ہے۔ ایک خاندان کی ہجرت کے نتیجے میں اس پر کیا گزری اس کا احوال وہ اپنے افسانے "بدلتے زمانے، بکھرتے لوگ" میں اس طرح بیان کرتی ہیں:

"پاکستان ہی ہمارا دار الامان ہے اللہ اس کو دشمنوں سے محفوظ رکھے۔ خدا جانے تمھارے ابا کہاں ہوں گے؟ میں تین بچوں کے ساتھ ایک نئے مکان میں ان کو کیسے ڈھونڈوں گی؟

اے اللہ تو ہماری رہبری کر۔"

یہی خاندان جب ارض پاکستان پر پہنچ کر اکٹھا ہو جاتا ہے تو حالات ایک بار پھر نیا رخ اختیار کر لیتے ہیں۔ انھیں یوں محسوس ہوا کہ وہ گجر بجنے سے دھوکا کھا گئے ہیں۔ اجالا اب بھی داغ داغ اور سحر اب بھی شب گزیدہ ہی ہے۔ نیرنگیء سیاست دوراں کا یہ حال تھا کہ جو لوگ شریک سفر ہی نہ تھے منزلوں پر انھوں نے غاصبانہ طور پر قبضہ کر رکھا ہے۔ ظالم و سفاک، موذی و مکار استحصالی عناصر کے مکر کی چالوں کے باعث رتیں بے ثمر ہو کر رہ گئی تھیں۔ ستم بالائے ستم یہ کہ عقابوں کے نشیمن جب زاغوں کے تصرف میں آئے تو انھوں نے مجبوروں کے چام کے دام چلائے۔ جس بے حس معاشرے میں جاہل کو اس کی جہالت کا انعام ملنے لگے وہاں مایوسی اور محرومی کے جذبات کو تقویت ملتی ہے۔ اس کا نتیجہ یہ نکلتا ہے کہ لوگ تلاش رزق میں در بہ در اور خاک بہ سر مارے مارے پھرتے ہیں۔ جبر کے ماحول میں طیور بھی حسین وادیوں اور مرغزاروں سے کوچ کر جاتے ہیں۔ صفیہ صدیقی نے اپنے اس افسانے میں جس خاندان کی ہجرت کے مصائب اور غیر مختتم مسائل کا احوال بیان کیا ہے، وہی خاندان ایک بار پھر بیرون ملک ہجرت پر مجبور ہو جاتا ہے اور وطن میں صرف ضعیف والدین رہ جاتے ہیں۔ اب ان کی جان پہ دوہرا عذاب ہے وہ نا مساعد حالات کو دیکھتے ہیں اس کے بعد ان کے مسموم اثرات کے بارے میں سوچ کر

کڑھتے ہیں۔ اس نوعیت کی ہجرت کے شعور اور فکر پر جو اثرات مرتب ہوئے اور اس کے نتیجے میں جو کرب ناک واقعات سامنے آئے ان کا احوال صفیہ صدیقی نے افسانے ”بدلتے زمانے، بکھرتے لوگ“ اس طرح بیان کیا ہے۔ اسلوب کی یہ جادو بیانی قاری کو سوچنے پر مجبور کر دیتی ہے:

”اماں کے سب بیٹے سات سمندر پار اور بیٹیاں کب ساتھ رہتی ہیں ؟زاہدہ بیاہ کر سعودی عرب گئی اور حامدہ کراچی میں تھی اب وہ بھی ہجرت کر رہے ہیں اور جانا یا نہ جانا اس کے اختیار میں کب ہے ؟اس کے شوہر کا سارا خاندان کینیڈا چلا گیا اب وہ بھی جا رہا ہے اور کیوں نہ جائے اس کے بھائی تو والدین کو ساتھ لے کر گئے تھے اور ہم نے کیا کیا ؟ہم نے اپنے بوڑھے والدین کو تنہا چھوڑ دیا۔“

معاشی نظام کی نوعیت ہی اس قسم کی ہوتی ہے کہ وہ شعور اور فکر کی کایا پلٹ دیتا ہے۔ صفیہ صدیقی کے افسانوں میں غیر منصفانہ معاشی نظام، معاشرتی زندگی کی بے سکونی اور ہوس زر کے مسموم اثرات کے بارے میں ایک واضح انداز فکر دکھائی دیتا ہے۔ انھوں نے اقتضائے وقت کے مطابق سماجی اقدار کو اپنے اسلوب میں نمایاں جگہ دی۔ وہ جنس، جذبات اور حسن و جمال کے موضوعات پر بہت کم توجہ دیتی ہیں اس کے برعکس ان کی تمام تر توجہ سماج اور معاشرے میں پائی جانے والی بے ہنگم کیفیات، گراں جانیوں، مناقشات اور ناانصافیوں پر مرکوز رہتی ہے۔ ان کے نہاں خانہ ء دل میں مظلوم انسانیت کے دکھوں پر بہنے والے آنسو سمٹ آئے ہیں اور وہ اپنے یہ آنسو الفاظ کے قالب میں ڈھال کر اپنے تمام تجربات و حوادث کو پیرایۂ اظہار عطا کرنے کے قابل ہو جاتی ہیں۔ تلخی ء حالات کے زہر کو وہ جس شدت کے ساتھ محسوس کرتی ہیں اسے وہ بلا کم و کاست پیش دیتی ہیں۔ الفاظ کو فرغلوں میں لپیٹ کر پیش کرنا انھیں بالکل پسند نہیں۔ وہ جو کچھ

دیکھتی ہیں اسے پوری قوت اور شدت کے ساتھ زیب قرطاس کرتی ہیں۔ وہ اپنے فکر و ادراک کی شمعیں فروزاں کر کے سفاک ظلمتوں کو کافور کرنے کی سعی کرتی ہیں۔ اپنی حقیقت نگاری کے اعجاز سے وہ مقدور بھر کوشش کرتی ہیں کہ جس قدر جلد ممکن ہو مظلوم خواتین کو جہد و عمل پر آمادہ کیا جائے۔ صفیہ صدیقی نے تیشہء حرف سے فصیل جبر کو منہدم کرنے کی کوشش کی۔ وہ چاہتی تھیں کہ جبر کا ہر انداز مسترد کرتے ہوئے ظالم و سفاک استحصالی عناصر کے چہرے سے نقاب اٹھانے میں تامل نہ کیا جائے۔ زندگی کی درخشاں روایات اور اقدار عالیہ کی پامالی کو دیکھ کر ان کا رویہ جارحانہ ہو جاتا ہے۔ وہ سمجھتی ہیں کہ مقتل وقت میں ان کی سوچ کی حیثیت ایک لہکتی ڈال کی ہے جسے سادیت پسند کبھی برداشت نہیں کر سکتے۔ اس کے باوجود انھوں نے تمام عمر حریت فکر و عمل کو اپنا مطمح نظر بنایا۔ ان کے اسلوب میں حریت فکر، حقیقت نگاری اور فطرت نگاری کی مسحور کن کیفیت دیکھ کر قاری حیرت زدہ رہ جاتا ہے۔ صفیہ صدیقی کا ناول ''وادیِ غربت'' معاشرتی زندگی کے مسائل کے حوالے سے بہت اہمیت کا حامل ہے۔ صفیہ صدیقی نے ادب اور صحافت میں گراں قدر خدمات انجام دیں۔ وہ روزنامہ جنگ سے طویل عرصہ وابستہ رہیں۔ 1982 میں انھوں نے روزنامہ جنگ سے اپنی وابستگی ختم کر دی اور اپنا زیادہ وقت مطالعہ اور تخلیق ادب میں صرف کرنے لگیں۔

صفیہ صدیقی ایک نہایت صابر و شاکر خاتون تھیں۔ انکسار، استغنا اور انسانی ہمدردی ان کے مزاج کے نمایاں اوصاف تھے۔ بلا امتیاز تمام انسانیت کے ساتھ وہ اخلاق اور اخلاص پر مبنی درد کا رشتہ استوار کرنے کی حامی تھیں۔ بے لوث محبت، بے باک صداقت، حریت فکر، دردمندی اور وفاداری کے جذبات سے ان کے اسلوب میں نکھار پیدا ہوا۔ وہ اگرچہ طویل عرصے سے اپنے اہل خاندان کے ہمراہ برطانیہ میں مقیم تھیں مگر ارض

پاکستان سے وہ ٹوٹ کر محبت کرتی تھیں۔ ان کی تخلیقی تحریروں میں وطن سے دوری کا کرب نمایاں ہے۔ معاشرتی زندگی میں وہ بے حد ملنسار اور خلیق خاتون تھیں۔ وہ سب کی باتیں بڑے تحمل سے سنتیں یہاں تک کہ بعض ناگوار مسائل پر بھی وہ کوئی سخت رد عمل ظاہر نہ کرتیں بل کہ زیر لب مسکرا کر خاموش ہو جاتیں۔ ان کی کم گوئی ان کی بردباری کی عمدہ مثال تھی۔ وہ ہر قسم کی عصبیت کو سخت ناپسند کرتی تھیں اور چاہتی تھیں کہ اخوت کی جہانگیری اور محبت کی فراوانی کو یقینی بنایا جائے۔ علاقائی، لسانی یا فرقہ وارانہ عصبیتوں کو وہ قومی یک جہتی کے لیے برا شگون سمجھتی تھیں۔ لاحاصل اختلافی مباحث کو وقت کے ضیاع سے تعبیر کرتیں لیکن صحت مند تنقید کو وہ تخلیقی عمل کو صحیح سمت عطا کرنے کے لیے ناگزیر قرار دیتی تھیں۔ ان کی محتاط گفتگو اور کم گوئی ان کی پہچان بن گئی تھی۔ جب وہ قلم تھام کر مائل بہ تخلیق ہوتیں تو پھر بے تکان لکھتیں۔ وہ ایک وسیع المطالعہ تخلیق کار تھیں۔ عالمی کلاسیک کا انھوں نے عمیق مطالعہ کر رکھا تھا۔ جدید لسانیات سے بھی انھیں گہری دلچسپی تھی۔ خاص طور پر اردو ادب کی تحریکیں، مارکسیت، نئی تنقید، رومانویت، ساختیات، پس ساختیات، رد تشکیل، جدیدیت اور مابعد جدیدیت کے بارے میں وہ کامل آگہی رکھتی تھیں۔ انھوں نے ژاک دریدا، سوسئیر، رولاں بارتھ اور فوکو کے نظریات کا مطالعہ کیا۔ یہ بات بڑے وثوق سے کہی جا سکتی ہے کہ ان کے اسلوب میں نسائیت کے اثرات کی اساس مغربی افکار نہیں۔ تانیثیت کے بارے میں ان کے دبنگ لہجے کے سوتے اسلام کی آفاقی اور ابد آشنا تعلیمات سے پھوٹتے ہیں۔ تانیثیت کے موضوع پر وہ نہ تو مارکسی فلسفے کی خوشہ چینی کرتی ہیں اور نہ ہی مابعد جدیدیت پر مبنی افکار سے کوئی اثر قبول کرتی ہیں۔ اردو افسانے میں تانیثیت کا یہ انداز جو ہماری تاریخ، تہذیب، ثقافت اور اقدار و روایات کا آئینہ دار ہے، قارئین کے دلوں کو مسخر کر لیتا ہے۔ اردو افسانے کے ارتقا پر

نظر ڈالیں تو یہ حقیقت معلوم ہوتی ہے کہ افسانے کو تانیثیت کے اعتبار سے حقیقت نگاری کی معراج تک پہنچانے میں جن عظیم تخلیق کاروں نے خون جگر دے کر اسے معیار اور وقار کی رفعت سے آشنا کیا ہے ان میں صفیہ صدیقی کا نام بھی شامل ہے۔ فن افسانہ نگاری میں صفیہ صدیقی کے منفرد اسلوب کا کرشمہ دامن دل کھینچتا ہے۔ ان کے اس منفرد اسلوب میں مشرقی تہذیب و ثقافت، سماج و معاشرت اور اقدار و روایات کے تمام پہلو سمٹ آئے ہیں۔ وہ زندگی میں حقیقی معنویت اور مفید مقصدیت کی متمنی تھیں۔ یہی وجہ ہے کہ ادب کے افادی پہلو کو انھوں نے ہمیشہ پیش نظر رکھا۔ ان کے افسانے مفاد پرستوں کے لیے عبرت کے تازیانے ثابت ہوتے ہیں۔ وہ سائنسی انداز فکر اپنا کر حالات کا غیر جانب داری سے تجزیہ کرتی ہیں اور اس طرح ان کا تخلیقی کام ایک تعمیری صورت میں اپنا اہم کردار ادا کرتا ہے۔ اردو ادب میں اقدار و روایات کی متعدد نئی جہات گزشتہ نصف صدی کے دوران سامنے آئی ہیں، صفیہ صدیقی نے ان اقدار و روایات کو فروغ علم و ادب کے لیے ناگزیر سمجھتے ہوئے ان کی پاسداری پر زور دیا۔ صفیہ صدیقی نے زندگی کی حیات آفریں اقدار کے فروغ کو اپنا نصب العین بنا رکھا تھا۔ ان سے مل کر زندگی کی رعنائیوں کا یقین ہو جاتا اور زندگی سے محبت کے جذبات کو مہمیز کرنے میں مدد ملتی۔ صفیہ صدیقی کے افسانے دنیا بھر کی خواتین کی زندگی کے مسائل کا بالعموم اور مشرقی خواتین کی زندگی کے نشیب و فراز کا بالخصوص احاطہ کرتے ہیں۔ اردو افسانے کے کئی پامال موضوعات مثال کے طور پر جنسی جنون، سستی رومانویت اور جذباتی ہیجانات جو کہ اب کلیشے کی صورت اختیار کر چکے ہیں وہ صفیہ صدیقی کے افسانوں میں کہیں دکھائی نہیں دیتے۔ خواتین میں بیداری اور مقصدیت کو فروغ دینے میں صفیہ صدیقی نے جو اہم کردار ادا کیا وہ انھیں شہرت عام اور بقائے دوام کے دربار میں بلند مقام عطا کرے گا۔

تاریخ ادب ہر دور میں ان کے عظیم نام اور فقید المثال کام کی تعظیم کرے گی۔ جریدہ عالم پر صفیہ صدیقی کا نام ہمیشہ ثبت رہے گا۔

تخلیق ادب کے وسیلے سے روح حیات کی تفہیم صفیہ صدیقی کا مطمح نظر تھا۔ تخلیق فن کے لمحوں میں وہ اس مہارت سے اشہب قلم کی جولانیاں دکھاتی ہیں کہ ان کے افسانے پڑھ کر قاری حسن، عشق، عقل اور دل کی اقالیم کی سیر کر لیتا ہے۔ ان کا اسلوب ایک جام جہاں نما ہے جو قطرے میں دجلہ اور جزو میں کل کا منظر سامنے لا کر ید بیضا کا معجزہ دکھاتا ہے۔ بادی النظر میں یہ حقیقت روز روشن کی طرح واضح ہے کہ دل اور عقل کی استعداد اور دائرہ کار کا جہاں تک تعلق ہے اس میں دل کو زیادہ وسعت کا حامل سمجھا جاتا ہے۔ دل کو ہر معاملے میں برتری اور اولیت حاصل رہی ہے۔ عقل تو محض چراغ راہ ہے جب کہ دل منزل سے آشنا ہے۔ یہ دل ہی ہے جو حسن و جمال کے دلکش، مسحور کن اور قلب و روح کو مسخر کرنے والے نظاروں کی وجدانی کیفیات کا رمز آشنا ہے۔ دل میں درد و غم، محبت و اخوت اور ایثار کے جذبات رچ بس جاتے ہیں۔ دل کے بارے میں یہ بات مسلمہ ہے کہ دل کبھی کسی مصلحت کے تابع نہیں ہو سکتا۔ حسن جس غیر فانی اور ہمہ گیر وجدان سے متمتع کرتا ہے صرف دل ہی اس کی تفہیم اور تحسین پر قادر ہے۔ صفیہ صدیقی نے دل کی آزادی کو ہمیشہ اہم خیال کیا۔ ان کا افسانہ "مکالمہ" دل اور عقل کی حدود کو سمجھنے میں بے حد معاون ہے۔ عقل نے جب دل کو محبت کی ہلاکت خیزیوں سے متنبہ کیا تو دل نے بھی ترکی بہ ترکی جواب دیا:

"یہی تو تمھاری غلطی ہے عقل بی بی! محبت میں انجام کی فکر ہو تو محبت تھوڑی ہوتی ہے، وہ تو کاروبار ہو جاتا ہے، پھر ہم کوئی پلاننگ کر کے اور کسی کو منتخب کر کے تھوڑی محبت کرتے ہیں یہ تو ایک غیر ارادی فعل ہے جو ان جانے میں خود بخود سرزد ہو جاتا ہے۔

انسان آہستہ آہستہ ایک ان دیکھے جال میں پھنس کر رہ جاتا ہے اور مزے کی بات یہ ہے کہ اسے اسی میں مزہ آنے لگتا ہے۔ وہ اس جال سے نکلنا بھی نہیں چاہتا خواہ اسے کتنی تکلیف کیوں نہ ہو اور شاید وہ نکل بھی نہیں سکتا۔''

صفیہ صدیقی نے واضح کر دیا ہے کہ محبت کوئی لین دین ہرگز نہیں بل کہ یہ تو اپنا سب کچھ محبوب پر وار دینے کا نام ہے۔ یہاں تک کہ دیارِ عشق کے آبلہ پا مسافر اپنی متاع زیست بھی محبوب کے قدموں میں نچھاور کرنے سے تامل نہیں کرتے۔ عشق پر کسی کا کوئی اختیار ہی نہیں۔ یہ ایک ایسی چنگاری ہے جو کسی معمولی سی بات پر بھڑک اٹھتی ہے اور دیکھتے ہی دیکھتے خرمن جاں، سکون قلب اور راحت و مسرت کو جلا کر راکھ کر دیتی ہے اس راکھ کر کریدنے سے کچھ حاصل نہیں ہوتا۔ محاذ جنگ سے پسپائیوں کے امکانات تو ہوتے ہیں لیکن پیار و محبت کی راہ میں اٹھنے والے قدم کبھی پلٹ نہیں سکتے۔ محبت کے بارے میں اکثر کہا جاتا ہے کہ یہ تو ایک ہاتھ کی تالی ہے۔ محبت کرنے والا اپنی دھن میں مگن پیہم محبت کیے جاتا ہے اور اسے اس بات کی کوئی پروا نہیں ہوتی کہ اس کے نالوں کا جواب آتا ہے کہ نہیں۔ صفیہ صدیقی کے افسانوں میں کئی علامات ایک نفسیاتی کل کے روپ میں جلوہ گر ہوتی ہیں۔ ان علامات کو لاشعور کی حرکت و حرارت اور قوت و فعالیت کی تشکیل و تفہیم کی کلید سمجھا جاتا ہے۔ محبت میں ہوس کے اسیر لوگوں کو یہ حقیقت فراموش نہیں کرنی چاہیے کہ محبت میں تو عاشق سب کچھ گنوا کر صرف اپنے محبوب کی یادوں کے سہارے زندگی کے دن پورے کرنے پر مجبور ہو جاتا ہے۔ ہجر و فراق کی شام الم میں درد کی ہوا چلتی ہے تو دل و جگر اس کی حدت سے پگھل جاتے ہیں۔ ان تمام مسائل، مصائب اور ابتلا و آزمائش کے باوجود آبلہ پا رہروان دشت وفا ہونٹوں پر صبر کی طمانیت لیے، آنکھوں میں انتظار کی کیفیت سموئے اور چراغ تمنا کو فروزاں رکھے منزلوں

کی جستجو جاری رکھتے ہیں۔

صفیہ صدیقی کی وفات ایک بہت بڑا ادبی سانحہ ہے۔ دنیا بھر کے اہل قلم نے ان کی وفات پر دلی رنج اور جذبات حزیں کا اظہار کیا ہے۔ اس وقت صفیہ صدیقی کے ساتھ مل کر ادبی کام کرنے والی ان کی دیرینہ رفیق کار محترمہ نجمہ عثمان کی ایک نظم سے ایک اقتباس پیش خدمت ہے جو انھوں نے صفیہ صدیقی کی وفات کے صدمے سے نڈھال ہو کر اشک بار آنکھوں سے لکھی ہے۔ یہ نظم شدت جذبات اور قلبی احساسات کا اعلیٰ ترین معیار پیش کرتی ہے۔ میری دعا ہے کہ اللہ کریم صفیہ صدیقی کو جوار رحمت میں جگہ دے اور ان کے پس ماند گان کو صبر جمیل عطا فرمائے۔ اس نظم میں صفیہ صدیقی کے تمام مداح اپنے قلبی جذبات کو محسوس کر سکتے ہیں۔

تمھاری یاد میں ہر آنکھ اشک بار ملی
تمھارے کمرے کی ہر چیز سوگوار ملی
کتابیں پوچھ رہی ہیں انھیں پڑھے گا کون
ہے غم تمھارے فسانوں کو اب لکھے گا کون
تمھاری میز پہ رکھے ہوئے رسالے چپ
تمھاری ذات سے وابستہ سب حوالے چپ
عجب اک عالم تنہائی دل پہ طاری ہے
گئی ہو آج جو تم کل ہماری باری ہے

***

ہاجرہ مسرور: اب نہ دنیا میں آئیں گے یہ لوگ

15 ستمبر 2012 کو کاتب تقدیر نے اجل کے ہاتھ میں جو پروانہ تھما دیا اس میں ہاجرہ مسرور کا نام بھی رقم تھا۔ ہاجرہ مسرور کی وفات سے علمی و ادبی حلقوں میں صف ماتم بچھ گئی۔ وہ گزشتہ سات عشروں سے پرورش لوح و قلم میں مصروف تھیں۔ 17۔ جنوری 1930 کو لکھنو میں جنم لینے والی اس ادیبہ نے پوری دنیا میں اپنی کامرانیوں کے جھنڈے گاڑ دیئے۔ اردو کے افسانوی ادب کو ہاجرہ مسرور نے زندگی کی حقیقی معنویت سے آشنا کیا۔ تانیثیت (Feminism) کی علم بردار اس عظیم ادیبہ نے خواتین کے مسائل پر جس خلوص اور دردمندی سے لکھا وہ اپنی مثال آپ ہے۔ دنیا بھر کی خواتین کو معاشرتی، سماجی، سیاسی، قانونی اور معاشی شعبوں میں ان کے حقوق کی فراہمی کے لیے ہاجرہ مسرور نے جو صبر آزما جدوجہد کی وہ تاریخ ادب میں نمایاں حروف میں لکھی جائے گی۔ ان کی حقیقت نگاری اور فطرت نگاری نے انھیں جس بلند ادبی منصب پر فائز کیا اس میں کوئی ان کا شریک اور سہیم نہیں۔ زندگی کے کٹھن مسائل کو طلسم خواب و خیال سے نکال کر جبر کا ہر انداز مسترد کرتے ہوئے حریت ضمیر سے جینے اور حریت فکر کا علم بلند رکھنے کی روش اپنانے والی اس یگانۂ روزگار افسانہ نگار نے جو طرز فغاں اپنائی وہ ان کی انفرادیت کی دلیل ہے۔ ان کا اسلوب ان کی ذات تھا۔ انھوں نے اپنے اسلوب کے اعجاز سے الفاظ کو زندگی کی حقیقی معنویت اور پیرایۂ اظہار کے حروف کو صداقت سے مالا مال کر دیا۔ ہاجرہ مسرور کی وفات اردو کے افسانوی ادب کے لیے ایک بہت بڑا سانحہ ہے۔

غم سے بھر تا نہیں دل ناشاد کس سے خالی ہوا جہاں آباد

ہاجرہ مسرور کا تعلق لکھنؤ کے ایک معزز اور ممتاز علمی و ادبی خاندان سے تھا۔ ان کے والد ڈاکٹر ظہور احمد خان آزادی سے قبل برطانوی فوج میں ملازم تھے۔ وہ برطانوی فوج میں ڈاکٹر تھے۔ شعبہ طب میں ان کی خدمات کا ایک عالم معترف تھا۔ زندگی کی حیات آفریں اقدار سے محبت کرنے والے اور سسکتی ہوئی دکھی انسانیت کو زندگی کی نوید سنانے والے اس مسیحا صفت معالج کی ذات پورے معاشرے کے لیے فیض رساں تھی۔ تقدیر کے فیصلے نرالے ہوتے ہیں۔ وہ لوگ جن کا وجود پوری انسانیت کے لیے دستگیری کا امین ہوتا ہے، جب ہمیں دائمی مفارقت دے جاتے ہیں تو ان کی یادیں سوہان روح بن جاتی ہیں۔ ڈاکٹر ظہور احمد خان کے ساتھ بھی مقدر نے عجب کھیل کھیلا۔ اپنی پانچ کم سن بچیوں اور ایک بیٹے کو حالات کے رحم و کرم پر چھوڑ کر وہ دل کے اچانک دورے کے باعث عدم کی بے کراں وادیوں کی جانب سدھار گئے۔ ہاجرہ مسرور کی والدہ نے بڑے کٹھن حالات میں اپنی اولاد کی تعلیم و تربیت کا سلسلہ جاری رکھا۔

قیام پاکستان کے بعد ہاجرہ مسرور کا خاندان لاہور پہنچا۔ ان کے ساتھ ان کی بہنیں عائشہ جمال، خدیجہ مستور، طاہرہ عابدی، شاہدہ خیری اور بھائی توصیف احمد خان تھے۔ لاہور میں انھیں احمد ندیم قاسمی کے ساتھ ادبی مجلہ "نقوش" کی مجلس ادارت میں کام کرنے کا موقع ملا۔ ہاجرہ مسرور کی شادی 1971 میں احمد علی سے ہوئی جو اس وقت انگریزی اخبار "پاکستان ٹائمز" کے مدیر تھے۔ ہاجرہ مسرور کے شوہر احمد علی نے 1973 میں انگریزی اخبار "ڈان" کے مدیر کی حیثیت سے ملازمت اختیار کر لی اور وہ کراچی منتقل ہو گئے۔ احمد علی مسلسل اٹھائیس برس تک ڈان کے مدیر رہے۔ ہاجرہ مسرور کی دو بیٹیاں ہیں۔ ایک کا نام نوید احمد طاہر اور دوسری کا نام نوشین احمد ہے۔ دونوں بیٹیاں

اعلیٰ تعلیم یافتہ ہیں اور اپنے والدین کی تربیت کے اعجاز سے کامیاب زندگی بسر کر رہی ہیں۔ 27 مارچ 2007 کو احمد علی انھیں دائمی مفارقت دے گئے۔ شوہر کی وفات کے بعد ہاجرہ مسرور مکمل طور پر گوشہ نشین ہو گئیں اور بہت کم باہر نکلتیں۔ اس کے بعد رفتہ رفتہ ادبی حلقوں نے ان کے بارے میں خاموشی اختیار کر لی۔ ہاجرہ مسرور کی گوشہ نشینی کا عرصہ چار عشروں پر محیط ہے۔ آخری مرتبہ وہ اس وقت لاہور ایک ادبی نشست میں آئیں جب گورنمنٹ کالج لاہور میں قرۃ العین حیدر کی وفات پر ایک تعزیتی نشست کا اہتمام کیا گیا۔ وہ قرۃ العین حیدر کے اسلوب کی مداح تھیں۔ ان کی وفات سے وہ بہت دل گرفتہ تھیں۔ ان کی خاموشی گفتگو بن گئی اور بے زبانی بھی اظہار کا ایک منفرد انداز لیے ہوئے تھی۔ یہ شاید سات سال قبل کی بات ہے اس کے بعد وہ پھر گوشہ نشین ہو گئیں۔

ہاجرہ مسرور کو اس زمانے کے ممتاز ادبی جرائد کے مطالعہ کا موقع ملا۔ ہاجرہ مسرور کو اپنے گھر میں جو علمی و ادبی ماحول ملا اس کے اعجاز سے ان کی تخلیقی صلاحیتوں کو نمو ملی۔ والدین کی حوصلہ افزائی نے ان کے اسلوب کو صیقل کیا اور ان کی تخلیقی فعالیت کو مہمیز کیا۔ انھوں نے بچپن ہی سے تخلیق ادب بالخصوص افسانوی ادب پر توجہ دی۔ وہ تقلید کی روش کو خود کشی پر محمول کرتی تھیں۔ اس لیے ان کے ہاں روایت شکنی کا عنصر پوری شدت کے ساتھ جلوہ گر ہے۔ تخلیق فن کے لمحوں میں وہ معاشرتی زندگی کے تمام ارتعاشات، بے اعتدالیوں، کجیوں اور شقاوت آمیز ناانصافیوں کے خلاف پوری قوت اور بہادری سے اظہار خیال کرتی ہیں۔ وہ چاہتی تھیں کہ خواتین کے حقوق کی جدوجہد کے لیے لکھتے وقت خون بن کر رگ سنگ میں اتر جائیں۔ ہمارے معاشرے کا المیہ یہ ہے کہ مردوں کی بالادستی کے باعث اس میں خواتین کو ان کے جائز حقوق سے یکسر محروم کر دیا گیا ہے۔ اس شہر ناپرساں میں ابن الوقت، مفاد پرست استحصالی عناصر اپنا الو سیدھا کرنے

کے بعد اپنی ہوا میں مست پھرتے ہیں۔ ہاجرہ مسرور نے نہایت خلوص اور دردمندی کے ساتھ خواتین کی مظلومیت، بے بسی، محرومی اور دیدۂ گریاں کو پیرایۂ اظہار عطا کیا ہے۔ ان کے افسانوں میں خواتین کے مسائل کا حقیقت پسندانہ انداز میں تجزیہ پیش کیا گیا ہے۔ تمام کردار اپنی اصلی صورت میں سامنے آتے ہیں جنھیں دیکھ کر قاری سوچنے پر مجبور ہو جاتا ہے۔ ایسا محسوس ہوتا ہے کہ مصنفہ قاری کو جھنجھوڑ کر حقائق کا احساس و ادراک کرنے پر آمادہ کرنا چاہتی ہے۔ ان کے اسلوب میں پائی جانے والی اثر آفرینی قلب اور روح کی اتھاہ گہرائیوں میں اتر کر قاری کو حیرت زدہ کر دیتی ہے۔

ایک زیرک، فعال، جری، مستعد اور جذبۂ انسانیت نوازی سے سرشار ادیبہ کی حیثیت سے ہاجرہ مسرور معاشرتی زندگی میں پائی جانے والی بے حسی پر گرفت کی۔ انھیں اس بات کا قلق تھا کہ ظالم و سفاک، موذی و مکار استحصالی عناصر نے اپنے مکر کی چالوں سے خواتین کی زندگی کی رعنائیوں کو گہنا دیا ہے۔ وہ اس لرزہ خیز، اعصاب شکن کیفیت پر اکثر کرب کا اظہار کرتیں کہ معاشرتی اور سماجی حالات حد درجہ غیر امید افزا ہیں۔ مفاد پرست استحصالی عناصر کے فسطائی جبر، منافقت، بے ضمیری اور موقع پرستی نے گمبھیر صورت اختیار کر لی ہے۔ ان کا وسیع مشاہدہ تھا یہی وجہ ہے کہ ان کی تحریروں میں زندگی کے تمام مسائل کی عکاسی ملتی ہے۔ ایسا محسوس ہوتا ہے کہ وہ اپنی جان پر دوہرا عذاب محسوس کرتی تھیں۔ ایک طرف تو وہ معاشرے کی مظلوم خواتین کے مصائب و آلام کو دیکھ کر دل گرفتہ تھیں تو دوسری طرف ان غیر مختتم مصائب کے جان لیوا اثرات کے بارے میں سوچ کر دل ہی دل میں کڑھتی رہتی تھیں۔ معاشرتی زندگی میں بے بس خواتین پر کوہ ستم توڑنے والے ظالموں نے رتیں بے ثمر، کلیاں شرر، زندگیاں پر خطر اور آہیں بے اثر کر دی ہیں۔ ہاجرہ مسرور نے ان ظالموں کے قبیح کردار اور کریہہ چہرے سے

نقاب اٹھانے میں کبھی تامل نہ کیا۔ حرف صداقت لکھنا ہمیشہ ان کا نصب العین رہا۔ وہ جبر کے خلاف کھل کر لکھتی تھیں۔ کسی قسم کی مصلحت کے تحت الفاظ کو فرغلوں میں لپیٹ کر پیش کرنا ان کے ادبی مسلک کے خلاف تھا۔ ہزار خوف میں بھی ان کے قلم نے ضمیر کی آواز پر لبیک کہتے ہوئے ہر قسم کے امتیازات، منافقتوں اور تضادات کو ہدف تنقید بنایا۔ ان کی تحریریں مظلوم خواتین سے عہد وفا کی تکمیل کی ایک عملی صورت ہیں۔ ان کا خیال ہے کہ ہر ظالم پہ لعنت بھیجنا ہر باضمیر انسان کا شیوہ ہونا چاہیے۔ اس سلسلے میں ہاجرہ مسرور نے اردو افسانے کی اسی درخشاں روایت کی پاسداری کی ہے جو کہ سعادت حسن منٹو، قرۃ العین حیدر، خدیجہ مستور اور عصمت چغتائی کے پیش نظر رہی۔ وہ آلام روزگار کے مہیب بگولوں میں بھی حوصلے اور امید کی شمع فروزاں رکھنے کی داعی تھیں۔ وہ جانتی تھیں کہ جان لیوا صدمات پر محض آہ وفغاں سے حالات کا رخ بدلنا اور سانحات سے بچ نکلنا ممکن نہیں۔ ان کی تحریروں نے معاشرتی زندگی میں سرایت کر جانے والے تضادات اور ان کے مسموم اثرات کے بارے میں مثبت شعور و آگہی بیدار کرنے میں اہم کردار ادا کیا۔ خواتین کی زندگی میں پیہم گریہ وزاری کی جو کیفیت دکھائی دیتی ہے وہ چشم بینا کے لیے لمحۂ فکریہ ہے۔

ہاجرہ مسرور کی زندگی میں کئی نشیب و فراز آئے لیکن انھوں نے ہمیشہ جہد و عمل کو شعار بناتے ہوئے نشیب سے بچ کر فراز کی جانب اپنا سفر جاری رکھا۔ کہا جاتا ہے کہ جب ہاجرہ مسرور نے جوانی کی حدود میں قدم رکھا تو اردو کے ممتاز شاعر ساحر لدھیانوی اور ان کی باہمی افہام و تفہیم اور والدین کی رضامندی سے منگنی ہوگئی۔ تقدیر کا المیہ یہ ہے کہ وہ اگر ہر لمحہ ہر گام انسانی تدبیر کے پرخچے نہ اڑا دے تو وہ تقدیر کیسے کہلا سکتی ہے ؟۔ ساحر لدھیانوی کو اپنی قدرت کلام کا زعم تھا جب کہ ہاجرہ مسرور کو لکھنوی ہونے کی وجہ سے

اپنی زبان دانی پر بجا طور پر ناز تھا۔ ظاہر ہے جس نے آتش اور ناسخ کے لہجے میں بات کرنا سیکھا ہو وہ غلط تلفظ پر چپ کیسے رہ سکتا ہے؟ ایک ادبی نشست میں ساحر لدھیانوی نے کسی لفظ کی غلط ادائیگی کی تو ہاجرہ مسرور نے صحیح تلفظ کی جانب توجہ دلائی۔ اس بات پر ساحر لدھیانوی کو رنج ہوا اور اس کے بعد دونوں کے درمیان فاصلے بڑھتے چلے گئے۔ یہ بیل منڈھے نہ چڑھ سکی اور منگنی ٹوٹ گئی۔ ہاجرہ مسرور نے ہمیشہ حق گوئی اور بے باکی کو شعار بنایا۔ وہ نتائج سے بے پرواہو کر حرف صداقت لکھنے پر اصرار کرتی تھیں۔

ہاجرہ مسرور نے اپنی وقیع تصانیف سے اردو افسانے کی ثروت میں جو اضافہ کیا وہ تاریخ ادب میں آب زر سے لکھنے کے قابل ہے۔ قدامت پسندی اور رجعت پسندی کے خلاف ان کا دبنگ لہجہ ان کی پہچان بن گیا وہ ستائش باہمی کے سخت خلاف تھیں۔ اردو ادب میں صحت مند تنقیدی نظریات کی انھوں نے ہمیشہ پذیرائی کی۔ ان کی دلی تمنا تھی کہ اردو زبان کے ادیبوں کو جبر کا ہر انداز مسترد کرتے ہوئے انصاف اور حق و صداقت کا علم بلند رکھنا چاہیے۔ تیشۂ حرف سے فصیل جبر کو منہدم کرنا ان کا مطمح نظر رہا۔ ہاجرہ مسرور کی تصانیف میں ان کا یہ اسلوب نمایاں ہے۔ ان کی تصانیف درج ذیل ہیں:

(1) چاند کے دوسری طرف (آٹھ افسانے)

(2) تیسری منزل (پندرہ افسانے)

(3) اندھیرے اجالے (سات افسانے)

(4) چوری چھپے (سات افسانے)

(5) ہائے اللہ (گیارہ افسانے)

(6) چرکے (تیرہ افسانے)

ان کے تمام افسانوی مجموعے کلیات کی صورت میں بھی شائع ہو چکے ہیں۔ مقبول

اکیڈمی لاہور نے 1991 میں "سب افسانے میرے" کے عنوان سے اس کلیات کی اشاعت کا اہتمام کیا جسے زبردست پذیرائی نصیب ہوئی۔ آکسفورڈ یونیورسٹی پریس کراچی نے ہاجرہ مسرور کی لکھی ہوئی بچوں کی کہانیوں کو بڑے اہتمام سے شائع کیا ہے۔ بچوں کے لیے لکھی گئی ان کی کہانیوں میں ان کا گہرا نفسیاتی شعور اور لسانی مہارت قابل قدر ہے۔

ہاجرہ مسرور کی علمی، ادبی اور قومی خدمات کے اعتراف میں انھیں حکومت پاکستان نے 1995 میں پرائڈ آف پرفارمنس کے اعزاز سے نوازا۔ اس کے علاوہ انھیں عالمی فروغ اردو ایوارڈ بھی ملا۔ ہاجرہ مسرور کو زبان و بیان پر جو خلاقانہ دسترس حاصل تھی اس کا دنیا بھر میں اعتراف کیا گیا۔ ہر صنف ادب میں انھوں نے اپنی تخلیقی فعالیت کا لوہا منوایا۔ عالمی کلاسیک کا انھوں نے بہ نظر غائر مطالعہ کیا تھا۔ انھوں نے افسانے کے علاوہ ڈرامے، اور فلموں کی سکرپٹ رائٹنگ پر بھی توجہ دی۔ انھوں نے سرور بارہ بنکوی کی فلم "آخری سٹیشن" کی کہانی تحریر کی۔ اس فلم کو زبردست پذیرائی نصیب ہوئی۔ ان کی سکرپٹ رائٹنگ کے سلسلے میں انھیں نگار ایوارڈ عطا کیا گیا۔

ان کی شخصیت اور اسلوب پر جامعہ ملیہ دہلی میں تحقیق کا آغاز ہو چکا ہے۔ وہ بے خوف صدا جس نے معاشرے کے ہر ناسور کی جراحت میں کوئی دقیقہ فرو گذاشت نہ کیا اسے کاتب تقدیر نے مہیب سناٹوں کی بھینٹ چڑھا دیا۔ ایک درخشاں شعلۂ جوالہ جس نے جبر کے ایوانوں پر لرزہ طاری کر دیا پیوند خاک ہو گیا۔ دنیا بھر کی خواتین کے مسائل، مصائب و آلام پر تڑپ اٹھنے والی تخلیق کار اب ہمارے درمیان موجود نہیں۔ دکھی انسانیت بالخصوص قسمت سے محروم خواتین کے جائز حقوق کے لیے جد و جہد کرنے والی اس عظیم ادیبہ کی یاد میں بزم ادب طویل عرصے تک سوگوار رہے گی۔ ہاجرہ مسرور کی وفات ایک بہت بڑا سانحہ ہے۔ اس سانحے پر جگر فگار، روح زخم زخم

اور دل کرچی کرچی ہو گیا ہے۔
لوح مزار دیکھ کر جی دنگ رہ گیا
ہر ایک سر کے ساتھ فقط سنگ رہ گیا

٭ ٭ ٭

ثمینہ راجا: دنیا چلی گئی مری دنیا لیے ہوئے

اب یاد رفتگاں کی بھی ہمت نہیں رہی
لوگوں نے کتنی دور بسائی ہیں بستیاں

اردو زبان کی نامور شاعرہ ثمینہ راجا تیس اکتوبر 2012 کو اسلام آباد میں انتقال کر گئیں۔ انھیں کینسر کا عارضہ لاحق تھا۔ اسلام آباد میں واقع H-8 کے قبرستان کی زمین نے اردو شاعری کے اس چاند اور ادب کے آسمان کو اپنی مٹی میں چھپا لیا جس نے پاکستان میں تانیثیت کی اساس پر استوار ہونے والے اردو ادب کو عظمت کی بلندیوں تک پہنچا دیا۔ اردو نثر، شاعری، فنون لطیفہ، براڈ کاسٹنگ، تعلیم و روز گار نسواں، حقوق نسواں، سماجی مسائل کے۔ انسانی حقوق اور معاشرتی فلاح کے لیے ان کی خدمات ہمیشہ یاد رکھی جائی گی۔ ان کی یاد میں بزم ادب مدت تک سوگوار رہے گی۔ ثمینہ راجا کی وفات کی خبر سن کر دل دھک سے رہ گیا۔ فرشتہءِ اجل نے ایسی عظیم شاعرہ سے قلم چھین لیا جس نے تانیثیت کے حوالے سے اردو ادب کو ایک بلند آہنگ عطا کیا۔ آنکھوں سے آنسوؤں کی جھڑی لگ گئی، زبان کچھ کہنے سے قاصر ہے، دل ڈوب رہا ہے اور زندگی کی کم مائیگی کے احساس نے پورے وجود کو کرچی کرچی کر دیا ہے وہ ایک نیک نیت ادیبہ تھیں۔ ان کی زندگی سعیء پیہم اور صبر و استقامت کی شاندار مثال تھی۔ ثمینہ راجا 11 ستمبر 1961 کو رحیم یار خان میں پیدا ہوئیں۔ انھوں نے پنجاب یونیورسٹی، لاہور سے اردو زبان و ادب میں ایم۔ اے کی ڈگری حاصل کی۔ زمانہ طالب علمی ہی سے وہ شعر و شاعری کی طرف مائل تھیں۔

انھوں نے 1973 میں شعر گوئی کا آغاز کیا اور ان کے پندرہ شعری مجموعے شائع ہوئے جنھیں زبردست پذیرائی ملی۔ ان کی شاعری میں کلاسیکیت اور جدت کا جو حسین امتزاج ہے وہ انھیں منفرد اور ممتاز مقام عطا کرتا ہے۔ عملی زندگی میں انھوں نے کئی اہم شعبوں میں خدمات انجام دیں۔ پاکستان ٹیلی ویژن میں انھوں نے 1995 میں علم و ادب کے فروغ کے لیے بھر پور کردار ادا کیا۔ پاکستان ٹیلی ویژن کے زیر اہتمام کامیاب اردو مشاعروں کا انعقاد ان کی فعال، ہر دل عزیز اور موثر شخصیت کا مرہون منت تھا۔ انھوں نے عالمی شہرت کے حامل ادیبوں اور شاعروں کے مل بیٹھنے اور علمی و ادبی موضوعات کے لیے انھیں جو مواقع فراہم کیے ان کے اعجاز سے فروغ گلشن و صوت ہزار کا موسم دیکھنے کی تمنا پوری ہوئی۔ ثمینہ راجا نے 1998 میں نیشنل بک فاؤنڈیشن اسلام آباد میں کنسلٹنٹ کی حیثیت سے ذمہ داریاں سنبھالیں۔ اس عرصے میں ادبی مجلے "کتاب" کی ادارت ان کے ذمے تھی۔ ان کی رہنمائی میں مجلہ "کتاب" جس آب و تاب سے شائع ہوتا رہا وہ اپنی مثال آپ ہے۔ ان کی ادارت میں شائع ہونے والے مجلہ "کتاب" کے شمارے اپنی افادیت اور ثقاہت کی بہ دولت مستقل نوعیت اور حوالہ جاتی حیثیت رکھتے ہیں۔ انھوں نے ادبی تخلیقات میں اسلوب اور ہیئت کے تمام جمالیاتی پہلوؤں پر توجہ دی اور تخلیقی عمل میں ان کی اہمیت کو اجاگر کرنے کی مقدور بھر کوشش کی۔ تخلیقی اسلوب میں ان کی انفرادیت کا جادو ہمیشہ سر چڑھ کر بولتا۔ ان کی تخلیقات میں روح عصر اور اجتماعیت کے امتزاج سے جو صد رنگی کی کیفیت پیدا ہوتی ہے وہ قاری کو اپنی گرفت میں لے لیتی ہے۔ اپنی زندگی کے آخری ایام میں وہ مقتدرہ قومی زبان اسلام آباد میں ماہر مضمون کی حیثیت سے خدمات پر مامور تھیں۔ ثمینہ راجا کی اہم تصانیف مع سال اشاعت درج ذیل ہیں:

ہویدا (1995)، شہر صبا (1997)، اور وصال (1998)اس کتاب پر انھیں 1999 میں وزیر اعظم ایوارڈ سے نوازا گیا۔ خواب نائے (1998)، باغ شب (1999)، باز دید (2000)، ہفت آسمان (2001)، پری خانہ (2002)، عدن کے راستے پر (2003)، دل لیلیٰ (2004)، عشق آباد (2006)، ہجر نامہ (2008)ان کی شاعری کے دو کلیات اور شاعری کا ایک انتخاب بھی شائع ہوا جس کی تفصیل حسب ذیل ہے:

کتاب خواب (2004)، کتاب جاں (2005)، وہ شام ذرا سی گہری تھی (2005)

ثمینہ راجا نے ترجمے میں بھی اپنی خداداد صلاحیتوں کا لوہا منوایا۔ انھوں نے تراجم کے ذریعے دو تہذیبوں کو قریب تر لانے کی کامیاب کوشش کی۔ ایک ماہر مترجم کی حیثیت سے انھوں نے جہاں مصنف کی ذات، اسلوب اور مقصد کو پیش نظر رکھا ہے وہاں ترجمے کو قاری کی سطح تک پہنچا کر اس کے موثر ابلاغ کو یقینی بنایا ہے۔ انھوں نے دونوں زبانوں میں ایک کامل ہم آہنگی کی فضا پیدا کرنے کی کوشش کی ہے جس کے معجز نما اثر سے قاری پر فکر و نظر کے متعدد نئے دریچے وا ہوتے چلے جاتے ہیں۔ ان کے تراجم سے اردو ادب کی ثروت میں اضافہ ہوا اور موضوعاتی تنوع اور اسلوبیاتی ندرت کے کئی مظاہر سامنے آئے۔ ان کے نثری تراجم کی اہمیت مسلمہ ہے۔ ادبی حلقوں نے ان تراجم کو ایک اہم قومی خدمت سے تعبیر کیا۔ یہ تراجم درج ذیل ہیں:

(1)۔ مشرق شناسی: یہ ایڈورڈ سعید کی کتاب "Orientalism" کا اردو ترجمہ ہے۔ ثمینہ راجہ نے اس اہم کتاب کا اردو میں ترجمہ کر کے اردو تنقید و تحقیق کو نئے آفاق سے آشنا کیا ہے۔

(2)برطانوی ہند کا مستقبل: یہ کتاب مشہور انگریز مورخ بیورلے نکولس (Beverley Nichols)کی شہرۂ آفاق تصنیف Verdict Of India کا اردو ترجمہ

ہے۔

ثمینہ راجا اکثر کہا کرتی تھیں کہ دنیا کی دوسری ترقی یافتہ زبانوں کے اہم ادب پاروں کا اردو میں ترجمہ وقت کا اہم ترین تقاضا ہے جب بھی وہ عالمی ادب کی کسی شہ کار تخلیق سے متاثر ہوتیں تو اسے اردو زبان کے قالب میں ڈھالنے میں کبھی تامل نہ کرتیں۔ اس طرح وہ نہ صرف خود اس عظیم ادب پارے سے حظ اٹھاتیں بل کہ اردو زبان کے عام قاری کو بھی اس روحانی مسرت میں شریک کر لیتیں جو انھیں اس یادگار تحریر کے مطالعہ سے حاصل ہوئی۔ انھوں نے اپنے تراجم کے ذریعے تخلیق کے لاشعوری محرکات، جذبات و احساسات اور فکر و خیال کو جہان تازہ تک رسائی کی راہ دکھائی۔ اگرچہ ترجمہ نگاری ان کا انفرادی ذوق تھا مگر اس کے تہذیب و ثقافت اور تمدن و معاشرت پر دور رس اثرات مرتب ہوں گے۔ انھوں نے تراجم کے ذریعے جمود کا خاتمہ کیا اور اردو زبان میں تخلیقی عمل کو مہمیز کرنے کی کوشش کی۔

ثمینہ راجا کی شاعری میں حریت فکر کے جذبات قاری کی سوچ پر مثبت اثرات مرتب کرتے ہیں۔ انھوں نے ہمیشہ ضمیر کی آواز پر لبیک کہا اور حریت ضمیر سے جینے کے لیے اسوۂ شبیرؓ کو پیش نظر رکھا۔ انھوں نے اپنی تخلیقی فعالیت کو اپنے طرز عمل اور کردار کا آئینہ بنا دیا۔ حق گوئی اور بے باکی ان کی فطرت تھی۔ حریت فکر ان کی جبلت تھی۔ جبر کا ہر انداز مسترد کرتے ہوئے انھوں نے اپنا مافی الضمیر ڈنکے کی چوٹ بیان کیا۔ وہ کسی مصلحت کی قائل نہ تھیں، الفاظ کو فرغلوں میں لپیٹ کر پیش کرنا ان کے نزدیک منافقت کی دلیل تھا۔ عصری آگہی سے لبریز ان کی شاعری ہر دور میں دلوں کو ایک ولولۂ تازہ عطا کرتی رہے گی۔ ان کی شاعری میں ایک واضح پیغام ہے جو جبر کے ایوانوں پر لرزہ طاری کر دیتا ہے۔ فصیل جبر کو تیشۂ حرف سے منہدم کرنا ہمیشہ ان کا مطمح نظر رہا:

کرو تلاش کوئی نور کی نشانی اب
نہیں قبول اندھیروں کی حکمرانی اب
کرپٹ قوموں کی صف میں یہ نام لگ گیا ہے
یہ داغ ہم پہ بہ صد اہتمام لگ گیا ہے

ثمینہ راجہ نے اپنی شاعری کو ایک ایسے عمدہ تخلیقی عمل کی صورت میں صفحۂ قرطاس پر منتقل کیا جس کے خوش گوار اثرات سے قاری کو ذہنی سکون ملتا ہے۔ وہ اپنی زندگی کے تجربات اور مشاہدات کو پوری دیانت سے اشعار کے قالب میں ڈھالتی ہیں۔ وہ پاکستانی خواتین کی بھلائی اور وقار کے خواب دیکھتی تھیں۔ اگر ایک خواب کی تعبیر نہ ملتی تو وہ کبھی مایوسی اور اضمحلال کا شکار نہ ہوتیں بلکہ نئے عزم کے ساتھ ایک اور خواب کے سہارے زندگی کا سفر طے کرنے کی تلقین کرتی دکھائی دیتی ہیں:

دوسرا خواب
کس کی آواز سے ہوتا ہے پریشاں مرا خواب
دیتا رہتا ہے یہ دل کس کی صداؤں کا جواب
نیند کی شاخ پہ کھل اٹھتا ہے اک اور گلاب
دیکھنے لگتی ہوں اک خواب میں اک دوسرا خواب

ثمینہ راجا نے اردو شاعری میں تانیثیت کے حوالے سے جس بے تکلفی سے اپنے جذبات کا اظہار کیا ہے وہ ان کے منفرد اسلوب کی دلیل ہے۔ موضوعات کا تنوع، زبان و بیان کی دلکشی، جاذبیت اور اثر آفرینی اور مسحور کن لہجہ ان کو ممتاز مقام عطا کرتا ہے۔ ان کی شاعری جمالیاتی سوز و سرور کو تقویت دیتی ہے یہ سب کچھ ان کی جمالیاتی حس کا ثمر ہے۔ سچی بات تو یہ ہے کہ ان کی شاعری میں جمالیاتی سوز و سرور کے سوتے ان کے حسین

لہجے اور دلکش اسلوب سے پھوٹتے ہیں۔ ان کی شاعری میں سوز دروں کی جو مسحور کن کیفیت ہے وہ قاری کو حیرت زدہ کر دیتی ہے۔ ان کی شاعری زندگی کی ترجمانی اس انداز سے کرتی ہے کہ قاری کو تمام کیفیات اپنے نہاں خانۂ دل میں موجزن محسوس ہوتی ہیں۔ اپنی نوعیت کے اعتبار سے ان کی شاعری متعدد پوشیدہ حقائق کی گرہ کشائی کرتی ہے۔ اپنے اسلوب کی سحر کاری سے وہ زندگی کے وہ تمام حقائق جو عام قاری کی نظروں سے بالعموم اوجھل رہتے ہیں انھیں منصۂ شہود پر لاتی ہیں۔ اس طرح یہ شاعری انسانی اقدار کو ایک ایسی کلیت کے روپ میں سامنے لاتی ہے جو زندگی کی حقیقی معنویت کو سمجھنے میں بے حد معاون ہے۔ یہ بات بلا

مظانے مذموم مقامغرخاخوف وتردید کہی جاسکتی ہے کہ ثمینہ راجا کی شاعری کا قصر عالی شان اردو کی کلاسیکی شاعری کی اساس پر استوار ہے۔ اس عالم آب و گل کے جملہ مظاہر اور حیات و کائنات کے تمام مسائل کے بارے میں ان کا انداز فکر قابل توجہ ہے:

میں تمھارے عکس کی آواز میں بس آئینہ ہی بنی رہی
کبھی تم نہ سامنے آسکے، کبھی مجھ پہ گرد پڑی رہی

جاچکا وہ کسی تعبیر کے پیچھے کب کا
میں اب تک ہوں اسی خواب کی حیرانی میں

کسی خواب کا کہ شکست خواب کا ذائقہ
مری پور پور میں ہے سراب کا ذائقہ
کسی کربلا سے گزر کے شہر تک آئے ہیں
کہاں یاد ہے ہمیں نان و آب کا ذائقہ
یہ بے وفائی نہیں، وقت کا ستم ہے کہ تو

بچھڑ گیا تو ترا انتظار ہی نہ رہا

ثمینہ راجا نے اپنے تخلیقی عمل کو اپنے بصیرت افروز تجربات، عمیق مطالعہ، مشاہدات، سچے جذبات و احساسات اور مثبت انداز فکر سے اس مہارت سے مزین کیا ہے ان کے تخلیقی تجربات آفاقیت کی بلندیوں کو چھو لیتے ہیں۔ انھوں نے جو کچھ لکھا تپاک جاں سے لکھا۔ وہ جانتی تھیں کہ یہ سب کچھ زندگی کے تلخ حقائق کی صورت میں ہمارے سامنے موجود ہے۔ وہ انسانیت کے مسائل کو پوری شدت سے محسوس کرتی ہیں اور دکھی انسانیت کے غم میں ڈوب کر جو کچھ لکھتی ہیں وہ قاری کے دل پر گہرا اثر مرتب کرتا ہے۔ ان کی شاعری کا مطالعہ کرنے کے بعد قاری کو یہ محسوس ہوتا ہے جن جذبات اور احساسات کا اظہار اس کلام میں موجود ہے ان سب سے اس کا بھی واسطہ پڑ چکا ہے۔

تو مبتلائے غم ہجر دل سنبھال ابھی
کہ راستے میں ہے اک موسم وصال ابھی
ہم نے یہ سوچ کر اب تک تری خواہش نہیں کی
در گزر اہل جہاں نے یہی لغزش نہیں کی
کار دنیا میں کچھ اے دل نہیں بہتر تو بھی
کوچۂ عشق میں چن لایا ہے کنکر تو بھی
جڑا ہے سچ سے کہیں یا گماں سے الجھا ہے
زمیں پہ ہے کہ یہ غم آسماں سے الجھا ہے
چراغ عشق تو جانے کہاں رکھا ہوا ہے
سر محراب جاں بس اک گماں رکھا ہوا ہے
تری نظریں، تری آواز، تیری مسکراہٹ

سفر میں کیسا کیسا سائباں رکھا ہوا ہے

زندگی کی برق رفتاریوں نے نوع انسانی کو انتشار اور پراگندگی کی بھینٹ چڑھا دیا ہے۔ ہوس زر اور جلب منفعت نے زندگی کی اقدار عالیہ کو شدید ضعف پہنچایا ہے۔ ثمینہ راجا نے اپنی تخلیقی تحریروں سے وہ سب چاک رفو کرنے کی سعی کی ہے جو زندگی کے سفر میں انسانیت کے دامن پر لگے۔ ہوس نے نوع انساں کو ٹکڑے ٹکڑے کر دیا ہے۔ ایک جری تخلیق کار کی حیثیت سے ثمینہ راجا نے یہ کوشش کی ہے کہ بے لوث محبت، خلوص اور درد مندی کے جذبات کو پروان چڑھایا جائے۔ معاشرتی اور سماجی زندگی کے انتشار میں بھی وہ دل برداشتہ نہیں ہوتیں بل کہ وہ معاشرتی اتحاد کے خواب دیکھتی ہیں۔ ان کے اسلوب میں مضمون آفرینی کا جادو سر چڑھ کر بولتا ہے۔ وطن، اہل وطن اور پوری انسانیت کے ساتھ قلبی وابستگی اور والہانہ محبت ان کی شخصیت کا اہم ترین وصف تھا۔ انھوں نے مادی وسائل، جاہ و منصب اور شہرت کی کبھی تمنا نہ کی۔ ان کی زندگی عجز وانکسار اور صبر و استقامت کی عمدہ مثال تھی۔ اللہ کریم کی رحمت پر انھیں کامل اعتماد تھا۔ وہ مذہب کے ساتھ قلبی وابستگی رکھتی تھیں۔ ان کی حمدیہ اور نعتیہ شاعری پڑھ کر قاری پر ایک وجدانی کیفیت طاری ہو جاتی ہے وہ ایک راسخ العقیدہ مسلمان خاتون تھیں۔ ان کی شاعری میں مذہب کی ارفع اقدار کا بیان ان کے قلبی و روحانی جذب کا آئینہ دار ہے:

دعا یارب لب خاموش کو ایسا کمال دے

جو گفتگو کے سارے ہی لہجے اجال دے

سوز درون قلب کو اتنا جمال دے

جو مجھ کو ایک شمع کے قالب میں ڈھال دے

وہ خواب مرحمت ہو کہ آنکھیں چمک اٹھیں

وہ سرخوشی عطا ہو کہ کہ دنیا مثال دے
تیرے ہی آستاں پہ جھکی ہو جبین دل
اپنے ہی در کے واسطے خوئے سوال دے

حضور ختم المرسلین ﷺ کی ذات اقدس کے ساتھ ثمینہ راجا نے جس عقیدت کا اظہار کیا ہے وہ ان کے ایمان کامل کی دلیل ہے۔ ثمینہ راجا کی شاعری میں متعدد مقامات پر توحید و رسالت کے ساتھ قلبی لگاؤ کا اظہار ملتا ہے۔ اس موضوع پر ان کی شاعری جذبات، احساسات، ادراک اور وجدان کے مسحور کن اظہار کے دلکش نمونے پیش کرتی ہے۔ ان کے دل میں مذہب کے ساتھ قلبی وابستگی کی جو ایمان افروز کیفیت موجزن ہے وہ قاری کے لیے پیام نو بہار ثابت ہوتی ہے:

متصل تو نہیں ہوتی ہے عطا مجھ پر بھی
باب حیرت کبھی ہو جاتا ہے وا مجھ پر بھی
میرے آقا ﷺ کے وسیلے سے ملا، جو بھی ملا
عقدۂ دل جو نہ کھلتا تھا، کھلا مجھ پر بھی
معتکف غار حرائے غم ہستی میں جو ہوں
شاید اترے گا کوئی حرف وفا مجھ پر بھی
روز محشر جو شفاعت کے لیے آئیں گے آپ ﷺ
سب پہ رحمت کی نظر ڈالیں گے، کیا مجھ پر بھی؟

ثمینہ راجا نے ہمیشہ انسانیت کے وقار اور سربلندی کو اپنی شاعری میں اولیت دی۔ وہ عدل و انصاف اور مساوات کی بنا پر زندگی بسر کرنے کی آرزومند تھیں۔ اگر معاشرے میں عدل و انصاف اور حق و صداقت کی بالادستی کو یقینی بنایا جائے تو معاشرے میں امن و

سکون کا دور دورہ ہو جائے گا۔ افراد کی زندگی مسرت سے لبریز ہو گی ان کی دنیا میں راحتیں لوٹ آئیں گی۔ وہ چاہتی تھیں کہ خواتین کو معاشرتی زندگی میں وہ عزت و تکریم دی جائے جس کی وہ جائز طور پر مستحق ہیں۔ خواتین کے ساتھ روا رکھی جانے والی شقاوت آمیز نا انصافیوں پر بہت دکھ محسوس کرتیں وہ اس بات کی حامی تھیں کہ خواتین کے حقوق کے لیے خواتین کو خود جدوجہد کا آغاز کرنا ہو گا۔ ان کی تخلیقات میں خواتین کے مسائل کے بارے میں حقیقت پسندانہ اظہار کیا گیا ہے۔ زندگی کا سفر ہر انسان کو طے کرنا ہے۔ اس سفر میں رخشِ عمر پیہم رو میں ہے۔ نہ تو اس کا ہاتھ باگ پر ہے اور نہ ہی اس کا پا رکاب میں ہے۔ زندگی کا سفر تو جیسے تیسے کٹ ہی جاتا ہے مگر اس زندگی کی دشواریوں کے باعث انسان کا وجود کرچیوں میں بٹ جاتا ہے۔ ثمینہ راجا کی زندگی خواتین کے لیے فیض رساں تھی۔ انھوں نے اپنی انا اور خودداری کا بھرم زندگی بھر برقرار رکھا۔ اس کے ساتھ ساتھ ان کی یہ خواہش بھی تھی کہ جس طرح بھی ممکن ہو انسانیت کی خدمت کو شعار بنایا جائے وہ ذاتی مفاد کو پس پشت ڈال کر دکھی انسانیت کے مسائل پر توجہ دینے کو اپنا نصب العین سمجھتی تھیں۔ وہ پیمانۂ عمر بھر گئیں۔ اپنی زندگی کے سفر کے بارے میں انھوں نے لکھا ہے۔

سفر

میں سیاہ رات کے سفر پر ہوں
ایک قندیل یادِ جاناں کی
ہاتھ میں ہے مگر ہوا ہے تیز
میں تو اک بات کے سفر پر ہوں
جو کسی کنجِ لب سے پھوٹی تھی

اور میری تمام عمر کو ایک

دشت پر خار میں دھکیل گئی

ساری صبحیں اسی کے نام ہوئیں

ساری فتحیں اسی کے نام ہوئیں

میں فقط مات کے سفر پر ہوں

میں تو اک بات کے سفر پر ہوں

ثمینہ راجا نے اپنی زندگی کا سفر طے کر لیا اور عدم کی بے کراں وادیوں کی جانب رخت سفر باندھ لیا۔ وہ اب ہمارے درمیان موجود نہیں لیکن ان کی یادیں ہمیشہ زندہ رہیں گی۔ اردو ادب کی تاریخ میں ان کا نام اور عظیم تخلیقی کام آب زر سے لکھنے کے قابل ہے۔ انھوں نے اپنی تخلیقی فعالیت سے اردو ادب کا دامن گل ہائے رنگ رنگ سے بھر دیا۔ جب تک دنیا باقی ہے ان کی یاد اور کام باقی رہے گا۔

پھیلی ہیں فضاؤں میں اس طرح تیری یادیں

جس سمت نظر اٹھی آواز تیری آئی

٭ ٭ ٭

شبنم شکیل: خدا حافظ مرے اے ہم نشینو

دو مارچ 2013ء کی شام اردو دان طبقے کے لیے شام الم ثابت ہوئی۔ اس شام کراچی میں عالمی شہرت کی حامل نامور پاکستانی ادیبہ، ماہر تعلیم اور شاعرہ شبنم شکیل نے داعیِ اجل کو لبیک کہا۔ علم وادب کا وہ تابندہ ماہ منیر جو لاہور میں سید عابد علی عابد کے گھر میں بارہ مارچ 1942 کو طلوع ہوا پوری دنیا میں اپنی چاندنی بکھیرنے کے بعد عدم کی بے کراں وادیوں میں او جھل ہو گیا۔ اسلام آباد میں واقع F-11 کے شہر خموشاں کی زمین نے اردو ادب کے اس آسمان کو اپنے دامن میں ہمیشہ کے لیے چھپا لیا۔ شبنم شکیل کی وفات سے اردو شاعری تانیثیت کے ایک دبنگ لہجے کی حامل شاعرہ سے محروم ہو گئی۔ شعبہ تعلیم و تدریس سے ایک عظیم ماہر تعلیم و ماہر نصاب رخصت ہو گئی۔ دنیا بھر کی خواتین کے حقوق کے لیے جدوجہد کرنے والی ایک فعال اور مستعد خاتون سماجی کارکن نے داغ مفارقت دیا۔ سلطانیء جمہور کے لیے کام کرنے والی حریت فکر کی ایک توانا آواز ہمیشہ کے لیے خاموش ہو گئی۔ زبان و بیان پر خلاقانہ دسترس رکھنے والی روشن دماغ اور بلند خیال ادیبہ سے فرشتۂ اجل نے قلم چھین لیا۔ اردو شاعری کو زبان و بیان کی ندرت اور پاکیزگی سے ثروت مند بنانے والی زیرک، فعال، فطین اور مستعد تخلیق کار دیکھتے ہی دیکھتے ہماری محفل سے رخت سفر باندھ کر جادۂ راہ فنا پر گامزن ہو گئیں۔ زندگی کی درخشاں روایات اور اقدار عالیہ کی باوقار اور بلند حوصلہ محافظ آج ہمارے درمیان موجود نہیں۔ اردو ادب میں صداقت نگاری، حقیقت نگاری، حق گوئی و بے باکی کو زندگی بھر اپنا مطمح نظر

بنانے والی ادیبہ جس کی گل افشانیٔ گفتار پتھروں سے بھی اپنی تاثیر کالوہا منوالیتی تھی چپکے سے راہ جہاں سے گزر گئی۔ اردو زبان و ادب کا ہنستا بولتا اور مسکراتا ہوا چمن تقدیر کے ہاتھوں جان لیوا صدموں سے نڈھال، مہیب سناٹوں کی زد میں آگیا ہے۔ ان کی شاعری اندھیروں کی دسترس سے دور خورشید جہاں تاب کی شعاعوں کی طرح تاابد روشنی کا سفر جاری رکھے گی۔ دنیا بھر میں ان کی شاعری اور اسلوب کے سیکڑوں مداح اس وقت سکتے کے عالم میں ہیں۔ اپنی وفات سے کچھ عرصہ پہلے شبنم شکیل نے ایک غزل میں اپنے جذبات کا اظہار کرتے ہوئے کہا:

تم سے رخصت طلب ہے مل جاؤ
کوئی اب جاں بہ لب ہے مل جاؤ
لوٹ کر اب نہ آسکیں شاید
یہ مسافت عجب ہے مل جاؤ
دل دھڑکتے ہوئے بھی ڈرتا ہے
کتنی سنسان شب ہے مل جاؤ
کون اب اور انتظار کرے
اتنی مہلت ہی کب ہے مل جاؤ
اس سے پہلے نہیں ہوا تھا کبھی
دل کا جو حال اب ہے مل جاؤ

فرشتۂ اجل نے زمیں کو اہل کمال سے خالی کر دیا ہے، یہ رنگ آسماں دیکھ کر کلیجہ منہ کو آتا ہے۔ تقدیر کی پہچان ہی یہ ہے کہ اس کے چاک کو سوزن تدبیر سے کبھی رفو نہیں کیا جاسکتا۔ شبنم شکیل کی زندگی شمع کے مانند گزری۔ انھوں نے جانگسل تنہائیوں میں علم و

ادب کی محفل سجائے رکھی، مہیب سناٹوں میں ان کا دبنگ لہجہ حوصلے اور امید کا نقیب ثابت ہوا، ہولناک تاریکیوں میں ان کی شاعری ستارۂ سحر بن کر اذہان کی تطہیر و تنویر کا اہتمام کرتی رہی۔ ان کی وفات کی خبر سن کر ہر دل سوگوار اور ہر آنکھ اشک بار ہے۔ چند روز قبل ان کے شوہر شکیل احمد انھیں دائمی مفارقت دے گئے۔ چالیس سال کی یہ رفاقت کیا ٹوٹی کہ شبنم شکیل کا دل بھی ٹوٹ گیا۔ وہ کشف ذات کے مرحلے سے گزر رہی تھیں، انھوں نے اپنے نہ ہونے کی ہونی کے بارے میں کہا تھا:

میں پڑھ سکتی ہوں ان لکھے کو اب بھی

یہ کشف ذات ہے یا اک سزا ہے

کوئی روکے روانی آنسوؤں کی

یہ دریا بہتے بہتے تھک گیا ہے

خدا حافظ مرے اے ہم نشینو

کہ مجھ کو تو بلاوا آ گیا ہے

شبنم شکیل کا تو بلاوا آ گیا اور وہ اس بلاوے پر لبیک کہتے ہوئے راہ رفتگاں پر خاموشی سے چل پڑیں۔ دنیا بھر میں ان کی شاعری کے لاکھوں مداح ان کو یاد کر کے اپنے دلوں کو ان کی دائمی جدائی کے درد سے سنبھالنے کی سعی کر رہے ہیں۔ خدا جانے اردو ادب کے چمن کو کس کی نظر کھا گئی کہ ہمارے گھر کی دیواروں پر حسرت و یاس نے ڈیرے ڈال رکھے ہیں اور صحن میں خوف کے سائے بڑھتے چلے جا رہے ہیں۔ زندگی کی اداس راہوں پر چلتے چلتے جب کوئی ایسی شخصیت داغ مفارقت دے جاتی ہے جس کی مثال اس شجر سایہ دار کی ہوتی ہے جو ہمیں آلام روزگار کی تمازت سے محفوظ رکھنے کے لیے ہمارے سر پر سایہ فگن ہوتا ہے تو آنکھیں ساون کے بادلوں کی طرح برسنے لگتی ہیں۔ ہم الم نصیب یہ

سوچتے ہیں کہ کیا کریں کس طرف جائیں ہر رہ گزر پر تو دائمی مفارقت دینے والوں کے حسن اخلاق پر مبنی یادوں کے سائے موجود ہیں۔ اس جہاں سے گزر جانے والوں کے نقش قدم دیکھ کر ہماری روح زخم زخم اور دل کرچی کرچی ہو جاتا ہے۔ شبنم شکیل کی شاعری قاری پر گہرا تاثر چھوڑتی ہے۔ اس کے اعجاز سے ذہنی بالیدگی اور تربیت کے مواقع پیدا ہوتے ہیں۔ یہ شاعری حرکت و عمل کی نقیب ہے۔ اپنے اسلوب شعر میں انھوں نے موضوعات کی ندرت اور طرز ادا کی جدت کو ہمیشہ پیش نظر رکھا۔ وہ چاہتی تھیں کہ قارئین ادب کے فکر و نظر کو اس طرح مہمیز کیا جائے کہ وہ اخلاقیات کی تربیت کے مواقع سے فیض یاب ہو سکیں۔ ان کے افکار میں حسن اور لطافت کا جادو سر چڑھ کر بولتا ہے۔ اپنی تخلیقی فعالیت کے ذریعے انھوں نے ہمیشہ یہ کوشش کی ان کی بات جو دل سے نکلتی ہے وہ قاری کے دل میں اترنے کی صلاحیت سے متمتع ہو۔ وہ تصنع اور ریاکاری سے سخت نفرت کرتی تھیں۔ ان کی شاعری میں فکر و خیال کی جو ارفع سطح دکھائی دیتی ہے وہ ان کے کمال فن کی دلیل ہے۔ انھوں نے اپنے عہد کے زندہ، جاوداں اور اعلیٰ ترین خیالات کو اپنے فکر و فن کی اساس بنایا:

منظر سے کبھی دل کے وہ ہٹتا ہی نہیں ہے
اک شہر جو بستے ہوئے دیکھا ہی نہیں ہے
کچھ منزلیں اب اپنا پتا بھی نہیں دیتیں
اور راستہ ایسا ہے کہ کٹتا ہی نہیں ہے
یہ عشق کی وادی ہے ذرا سوچ سمجھ لو
اس راہ پہ پاؤں کوئی دھرتا ہی نہیں ہے

اپنی شاعری میں زندہ اور جاوداں خیالات کو پیش کر کے شبنم شکیل نے اردو

شاعری کا دامن گل ہائے رنگ رنگ سے بھر دیا۔ وہ شعر و ادب میں اپنی تخلیقی فعالیت کو روبہ عمل لاکر ذہنی سکون اور مسرت کے احساس سے سرشار ہوتی تھیں۔ وہ خوب جانچ پرکھ کر اپنی شاعری کے موضوعات کا انتخاب کرتی تھیں۔ جہد للبقا کے موجودہ زمانے میں ان کی شاعری میں ایک واضح پیغام ہے کہ ہجوم غم میں بھی دل کو سنبھال کر منزل کی جانب سفر جاری رکھا جائے:

قفس کو لے کے اڑنا پڑ رہا ہے
یہ سودا مجھ کو مہنگا پڑ رہا ہے
ہوئی جاتی ہے پھر کیوں دور منزل
مرا پاؤں تو سیدھا پڑ رہا ہے
میں کن لوگوں سے ملنا چاہتی تھی
یہ کن لوگوں سے ملنا پڑ رہا ہے

شبنم شکیل نے قارئین ادب پر یہ واضح کر دیا کہ حوصلے، امید، استقامت اور صبر و تحمل کی مشعل تھام کر زندگی کے کٹھن مراحل کی جانگسل تنہائیوں اور ہولناک تاریکیوں کے مسموم اثرات سے بچ کر منزل تک رسائی ممکن ہے۔ کامیابی اور روشن مستقبل کی امید ہی زندگی کی تمام تر حرکت و حرارت کی نقیب ثابت ہوتی ہے۔ وہ تخلیق ادب کو معاشرتی زندگی کی درخشاں اقدار و روایات کی نمو اور استحکام کے لیے ناگزیر سمجھتی تھیں۔ ان کا خیال تھا کہ ادب کے وسیلے سے معاشرتی زندگی میں ایک مثبت تبدیلی لائی جا سکتی ہے۔ ہمارے معاشرے اور سماج میں اس وقت زندگی کی اقدار عالیہ اور درخشاں روایات کو شدید خطرات کا سامنا ہے۔ اس وقت معاشرہ جس انتشار اور ابتری کی زد میں آچکا ہے اس کی اصلاح کے لیے ادب کلیدی کردار ادا کر سکتا ہے۔ مادی دور کی لعنتوں کے باعث

معاشرتی زندگی ہوس کے مسموم اثرات کے باعث جان کنی کے عالم میں ہے۔ شبنم شکیل کی شاعری میں سمے کے سم کے ثمر سے نڈھال انسانیت کو سکون قلب فراہم کرنے کا مصمم ارادہ ملتا ہے:

آخری حربہ ہمیں اب آزمانا چاہیے
جو بچا ہے داؤ پر وہ بھی لگانا چاہیے
کھل کے اس کا ذکر کرنا چاہیے احباب میں
رفتہ رفتہ یوں اسے پھر بھول جانا چاہیے
آخری دم تک نبھانا چاہئیں آداب عشق
آخری شمعوں کی صورت ٹمٹمانا چاہیے
تو اڑا دے خاک میری جنگلوں صحراؤں میں
اے ہوائے مضطرب مجھ کو ٹھکانہ چاہیے

شبنم شکیل کے والد سید عابد علی عابد عالمی شہرت کے حامل ادیب اور نقاد تھے۔ ان کی وقیع تصنیف ''اصول انتقاد ادبیات'' کو اردو تنقید کی اہم کتاب سمجھا جاتا ہے۔ انھوں نے اپنی عزیز بیٹی شبنم شکیل کی تعلیم و تربیت پر بھرپور توجہ دی۔ شبنم شکیل کو کینئیرڈ کالج برائے خواتین، لاہور (Kinaird College for women ,Lahore) میں داخل کرایا گیا۔ یہاں انھوں نے اپنی قابلیت کی وجہ سے اپنی ہم جماعت طالبات اور اپنی اساتذہ کو بہت متاثر کیا۔ اس عظیم مادر علمی سے انھوں نے تمام امتحانات امتیازی حیثیت سے پاس کیے۔ اس کے بعد وہ اسلامیہ کالج، لاہور میں داخل ہوئیں اور یہاں سے شاندار نمبر حاصل کر کے گریجویشن مکمل کی۔ گریجویشن کے بعد انھوں نے پنجاب یونیورسٹی، اورئینٹل کالج، لاہور میں ایم۔ اے اردو میں داخلہ لیا۔ ایم۔ اے اردو کرنے کے بعد ان

کا تقرر بہ حیثیت لیکچرر اردو کوئین میری کالج، لاہور میں ہوا۔ 1967 میں ان کی شادی سید شکیل احمد سے ہوئی جو پاکستان کی سول سروس میں اہم عہدے پر فائز تھے۔ شبنم شکیل کے دو بیٹے اور ایک بیٹی ہے۔ شبنم شکیل نے تیس برس تک تدریسی خدمات انجام دیں۔ انھوں نے لاہور کالج برائے خواتین، گورنمنٹ کالج برائے خواتین کوئٹہ اور فیڈرل گورنمنٹ کالج برائے خواتین F-7/2 اسلام آباد میں اردو زبان و ادب کی تدریس کے فرائض انجام دیئے۔ وہ اصول تعلیم، تعلیمی نفسیات، تعلیم انصرام اور نصاب سازی کی ماہر تھیں۔ تخلیق ادب کا ذوق انھیں ورثے میں ملا تھا۔ ان کی شائع ہونے والی کتب درج ذیل ہیں:

تنقیدی مضامین (1965)، شب زاد : شعری مجموعہ (1987)، اضطراب (1994)، تقریب کچھ تو (2003)، مسافت رائیگاں تھی : شاعری (2008)

شبنم شکیل کی علمی، ادبی، تدریسی اور قومی خدمات کے اعتراف میں حکومت پاکستان نے انھیں 2004 میں تمغۂ حسن کارکردگی سے نوازا۔ ان کی وفات ایک بہت بڑا قومی سانحہ ہے جس سے اردو زبان و ادب کے فروغ کی مساعی کو ناقابل تلافی نقصان پہنچا ہے۔ اردو ادب میں وہ تانیثیت کی اسی کہکشاں کا ایک تابندہ ستارہ تھیں جس میں خدیجہ مستور، ہاجرہ مسرور، پروین شاکر، رضیہ بٹ، قرۃالعین حیدر، ممتاز شیریں، عصمت چغتائی اور ثمینہ راجا ضو فشاں رہیں۔ اس ادبی کہکشاں کی چکا چوند اب ماضی کا حصہ بن چکی ہے۔

شبنم شکیل کی شاعری میں معاشرتی زندگی کے تمام موضوعات کو سمو دیا گیا ہے۔ قحط الرجال کے موجودہ زمانے میں ہمارا معاشرہ جس بے حسی کا شکار ہے اس پر ایک حساس تخلیق کار کی حیثیت سے انھوں نے اپنی تشویش کا اظہار کیا ہے۔ ہماری معاشرتی زندگی کا المیہ یہ ہے کہ بے لوث محبت اور بے باک صداقت عنقا ہو چکی ہے۔ ابن الوقت عناصر

نے اپنے مفادات کے لیے مصلحت کوشی کو شعار بنا رکھا ہے۔ ہوس زر نے یہ گل کھلایا ہے کہ ہر شخص نو دولتیا بننے کے چکر میں ہے۔ ہماری معاشرتی زندگی میں پائی جانے والی متعدد قباحتوں کے پس پردہ ہوس زر کی مذموم عادت ہی کار فرما ہے۔ منشیات، چور بازاری، دہشت گردی، لوٹ مار، آبروریزی اور دیگر جرائم نے یہاں رتیں ہی بے ثمر کر دی ہیں۔ تحمل اور برداشت ناپید ہے اس کے نتیجے میں تشدد اور ہلاکت خیزیوں کا ایک غیر مختتم سلسلہ شروع ہو چکا ہے جس نے پورے معاشرتی نظام کی بنیادیں ہلا کر رکھ دی ہیں۔ شبنم شکیل کی شاعری میں اس دہرے عذاب کے متعلق نہایت رنج اور کرب سے حقائق بیان کیے گئے ہیں۔ ان کی شاعری میں خلوص اور دردمندی نمایاں ہے:

بسے ہوئے تو ہیں لیکن دلیل کوئی نہیں
کچھ ایسے شہر ہیں جن کی فصیل کوئی نہیں
کسی سے کس طرح انصاف مانگنے جاؤں
عدالتیں تو بہت ہیں عدیل کوئی نہیں
سبھی کے ہاتھوں پہ لکھا ہے ان کا نام و نسب
قبیل دار ہیں سب بے قبیل کوئی نہیں
مری شناخت الگ ہے تری شناخت الگ
یہ زعم دونوں کو، میرا مثیل کوئی نہیں

شبنم شکیل کی شاعری قاری کے قلب اور روح کی گہرائیوں میں اترتی چلی جاتی ہے۔ وہ تقدیر کی شاکی نہیں بل کہ وہ اس امر پر اصرار کرتی ہیں کہ ہر انسان کو اپنا مقدر خود سنوارنے کے لیے جدوجہد کرنی چاہیے۔ جس طرح فطرت لالے کی حنا بندی کے عمل میں ہمہ وقت مصروف رہتی ہے اسی طرح ایک زیرک تخلیق کار بھی اپنے اسلوب کو

عصری آگہی کا آئینہ دار بنانے کی مقدور بھر سعی کرتا ہے۔ ان کا اصرار ہے کہ فرد کو ایام کا مرکب بننے کے بجائے ایام کا راکب بن کر اپنے وجود کا اثبات کرنا چاہیے۔ انسان کو اپنی حقیقت سے آشنا ہونا چاہیے۔ فکر انسانی کو یہ صلاحیت ودیعت کی گئی ہے کہ وہ اس کائنات کے جملہ مظاہر اور اسرار و رموز کی گرہ کشائی کر سکے۔ شبنم شکیل کی شاعری زندگی کی تمام رعنائیوں کا حقیقی مرقع پیش کرتی ہے۔ وہ زندگی کی حرکت و حرارت اور تاب و تواں کو ہمہ وقت دیکھنے کی متمنی ہیں۔ وہ جبر کا ہر انداز مسترد کر کے حریت فکر کا علم بلند رکھنے کو اپنا نصب العین بناتی ہیں۔ جبر کے ماحول میں تو طائران خوش نوا بھی بلند پروازی ترک کرنے پر مجبور ہو جاتے ہیں اور اپنے آشیانوں میں دم توڑ دیتے ہیں۔ شبنم شکیل کی شاعری میں حریت ضمیر سے جینے کی تمنا قاری کو جرأت اظہار عطا کرتی ہے:

سب وا ہیں دریچے تو ہوا کیوں نہیں آتی
چپ کیوں ہے پرندوں کی صدا کیوں نہیں آتی
گل کھلنے کا موسم ہے تو پھر کیوں نہیں کھلتے
خاموش ہیں کیوں پیڑ، صبا کیوں نہیں آتی
بے خواب کواڑوں پہ ہوا دیتی ہے دستک
سوئے ہوئے لوگوں کو جگا کیوں نہیں آتی
کیوں ایک سے لگتے ہیں یہاں اب سبھی موسم
خوشبو کسی موسم سے جدا کیوں نہیں آتی

زندگی کو زندہ دلی کی ایک قابل فہم صورت میں دیکھنا ایک جری تخلیق کار کا اہم ترین وصف ہے۔ شبنم شکیل نے زندگی کو اس کے تمام مسائل کے ساتھ پیش نظر رکھا۔ وہ سمجھتی تھیں کہ شگفتہ مزاجی اور زندہ دلی ہی وہ صفات ہیں جو زندگی کی حقیقی معنویت کو

اجاگر کرنے میں ممد و معاون ثابت ہو سکتی ہیں۔ ان کا خیال تھا کہ ادب کے وسیلے سے دلوں کو مرکز مہر و وفا کیا جا سکتا ہے۔ تخلیق ادب کے اعجاز سے جمود کا خاتمہ ممکن ہے۔ آج ہمارا المیہ یہ ہے کہ ہم اپنی تخریب میں مصروف ہیں۔ اس سے بڑھ کر بے بصری کیا ہو گی کہ ہمارے کچھ نادان دوست اسی نخل تناور کی جڑیں کھوکھلی کر رہے ہیں جو ان پر سایہ فگن ہے۔ کچھ کور مغز لوگ اسی شاخ کو کاٹنے کی مجنونانہ حرکت کر رہے ہیں جس پر وہ خود براجمان ہیں۔ نمود و نمائش کی تمنا میں لوگ حد سے گزر جاتے ہیں۔ شبنم شکیل کی شاعری میں ایسی سوچ پر گرفت کی گئی ہے:

خود ہی اپنے درپئے آزار ہو جاتے ہیں ہم
سوچتے ہیں اس قدر بیمار ہو جاتے ہیں ہم
بھول کر وہ بخش دے گر روشنی کی اک کرن
دائمی شہرت کے دعوے دار ہو جاتے ہیں ہم
زندگی سے دور کر دیتا ہے اتنا خوف مرگ
آپ اپنی زندگی پر بار ہو جاتے ہیں ہم

شبنم شکیل ایک نہایت وضع دار اور نفاست پسند خاتون تھیں۔ وہ سب کے ساتھ اخلاق اور اخلاص سے بھرپور سلوک کرتی تھیں۔ ایک وسیع المطالعہ ادیب اور دانش ور کی حیثیت سے قومی اور بین الاقوامی مسائل پر ان کی گہری نظر تھی۔ وطن، اہل وطن اور تمام انسانیت کے ساتھ قلبی وابستگی اور روحانی ربط کو وہ اپنی زندگی کا نصب العین سمجھتی تھیں۔ عالمی ادبیات بالخصوص تنقید کے بدلتے ہوئے رجحانات میں وہ گہری دلچسپی لیتی تھیں۔ فرانسیسی مفکرین نے تنقید اور لسانیات کے جو نئے تصورات پیش کیے وہ انھیں افکار تازہ کی ایک مثال سمجھتی تھیں۔ ساختیات، پس ساختیات، رد تشکیل، جدیدیت اور ما

بعد جدیدیت کے مباحث میں وہ گہری دلچسپی لیتی تھیں۔ ادبی مسائل پر ان کی تنقیدی رائے کو ہمیشہ قدر کی نگاہ سے دیکھا جاتا تھا۔ ان کا تجزیاتی انداز ان کی فکر پرور اور بصیرت افروز باتیں سامعین اور قارئین کے ذہن پر انمٹ نقوش چھوڑ تیں۔ انسانیت پر ڈھائے جانے والے مظالم پر وہ تڑپ اٹھتیں اور ظلم کے خلاف آواز بلند کرنے میں کبھی تامل نہ کرتیں۔ وہ تیشۂ حرف سے فصیل جبر کو منہدم کرنے کی کوشش کرتیں، مشہور فرانسیسی فلسفی، مفکر اور ماہر لسانیات ژاک دریدا (Jacques Derrida 15-7-1930 To 9-10-2004) نے جب فلسطین کے الم ناک حالات پر بے حسی کا مظاہرہ کیا اور مظلوم عرب باشندوں کی حمایت کرنے کے بجائے ظالموں کا ساتھ دیا تو شبنم شکیل نے اس کے مابعد جدیدیت کے تصور کو دہرے معیار سے تعبیر کیا۔ وہ سمجھتی تھیں کہ ژاک دریدا نے اپنے یہودی النسل ہونے کی وجہ سے مظلوم عربوں کی حمایت سے انکار کیا ہے۔ اس قسم کی عصبیت کا شکار ہونا ایک با ضمیر ادیب کے لیے مناسب نہیں۔ اس حقیقت سے انکار نہیں کیا جا سکتا کہ سپر طاقتوں نے تیسری دنیا کا راکب بن کر اپنے وجو کے مجبور اور مظلوم عوام پر عرصۂ حیات تنگ کر رکھا ہے۔ ان کا رویہ کم زور کے ساتھ الگ ہے اور طاقت ور کے ساتھ الگ۔ انھوں نے مابعد جدیدیت کی منطق کو ایک امتیازی رویے سے تعبیر کرتے ہوئے اس کے بارے میں اپنے تحفظات کا ہمیشہ بر ملا اظہار کیا۔ وہ قومی استحکام اور ملی وقار کو بہت اہمیت دیتی تھیں۔ شبنم شکیل زندگی بھر قارئین ادب میں خوشیاں تقسیم کرتی رہیں۔ انھوں نے ہزاروں طالبات کی علمی اور مالی اعانت کی جس کی بدولت وہ عملی زندگی میں مفید شہری بننے کے قابل ہوئیں۔ کئی محققین ادب کو بنیادی مآخذ کے حصول میں دشواریوں کا سامنا ہو تا تو وہ ان سے رہنمائی حاصل کرتے شبنم شکیل ان کے لیے تمام وسائل بروئے کار لاتیں۔ ان کی یہ علمی اعانت محققین کے لیے خضر راہ ثابت ہوتی۔ شبنم

شکیل کی شخصیت فیض کا سرچشمہ تھی ان کے علم و فضل سے استفادہ کرنے والی طالبات کی کثیر تعداد اس وقت پاکستان اور دنیا بھر میں زندگی کے مختلف شعبوں میں خدمات انجام دے رہی ہے۔ ان کی تخلیقی فعالیت زندگی کو اس کے حقیقی تناظر میں پیش کرتی ہے۔ وہ مسلسل چھ عشروں تک پرورش لوح و قلم میں مصروف رہیں۔ جہد للبقا کے موجودہ زمانے میں وہ افراد کو پر عزم رہنے کی تلقین کرتی ہیں۔ وہ یہ بات واضح کر دیتی ہیں کہ افراد ہی اقوام کی تقدیر بدلنے پر قادر ہیں۔ انھوں نے جو بھی خواب دیکھے وہ فردا کے حوالے ہی سے تھے۔ وہ چاہتی تھیں کہ بنی نوع انسان کو اپنے آج کی اصلاح پر اپنی توجہ مرکوز کر دینی چاہیے تاکہ آنے والے کل کو بہتر بنایا جا سکے۔ انھیں اس بات پر تشویش تھی کہ کہیں ہماری بے بصری ہمیں آنے والے کل سے محروم نہ کر دے۔ ان کے اسلوب میں جذبۂ انسانیت نوازی قابل رشک انداز میں جلوہ گر ہے۔ انھوں نے جمالیاتی سوز و سرور کے معجز نما اثر سے اپنی شاعری کو حسن و خوبی کا گنجینہ بنا دیا ہے۔ وہ تہذیبی بقا کو ہمیشہ اہم قرار دیتی تھیں، اسی لیے انھوں نے زندگی بھر اسلامی تہذیب و تمدن کے فروغ پر پر اپنی توجہ مرکوز رکھی۔ شبنم شکیل کی وفات کی خبر سن کر دل تڑپ اٹھا۔ ان کی یاد دل میں ہمیشہ زندہ رہے گی۔ چاند چہرے اب تو شب فرقت کی بھینٹ چڑھ چکے ہیں۔ افسوس فرشتۂ اجل نے ایک ایسی ادیبہ سے قلم چھین لیا جس نے زندگی بھر قلم کی حرمت کو مقدم سمجھا اور اپنے قلم سے دردمندوں، مظلوموں اور ضعیفوں کی مسیحائی کی۔ جب بھی کوئی قابل صد احترام اور عزیز ہستی داغ مفارقت دے جاتی ہے تو دل میں اک ہوک سی اٹھتی ہے اور یہ خیال پختہ تر ہو جاتا ہے کہ یہ دنیا حیرت و حسرت کے سوا کچھ بھی تو نہیں، رفتگاں کی یادوں کے جان لیوا صدموں سے نڈھال ان کے مداح ان کی یاد و اور مظلوم عرب باں کے سہارے زندگی کے دن پورے کرنے پر مجبور ہو جاتے ہیں۔ اس عالم آب و گل میں زندگی کی

اداس راہوں پر چلتے ہوئے ہم شبنم شکیل کو کبھی فراموش نہیں کر سکتے۔ بہ قول فراق گورکھپوری:

بھولیں اگر تمھیں تو کدھر جائیں کیا کریں
ہر رہ گزر پہ تیرے گزرنے کا حسن ہے

***